監修―――木村靖二
三省堂本美緒
小松久男
佐藤次高

[カバー表写真]
永楽帝(明成祖像)
(台北故宮博物院蔵)

[カバー裏写真]
紫禁城

[扉写真]
万里の長城
(天津市、黄崖口関。永楽年間にこの関隘の整備が始まった)

世界史リブレット人38

# 永楽帝
## 明朝第二の創業者

Hasumi Moriyoshi
荷見守義

目次

二つの廟号をもつ皇帝 1

❶ 燕王登場と洪武政権 6

❷ 燕王擡頭と建文政権 26

❸ 叔父と甥の「靖難の役」 45

❹ 順逆の内政 66

❺ 順逆の対外関係・永楽政権後 86

## 二つの廟号をもつ皇帝

永楽帝（一三六〇〜一四二四、在位一四〇二〜二四）には二つの廟号がある。太宗と成祖である。永楽帝が一四二四年八月十二日（永楽二十二年七月十八日）、第五次モンゴル親征の途上、楡木川の陣中においてなくなると、跡を継いだ洪熙帝は太宗の廟号を奉った。それから時が過ぎて、一五三八年、嘉靖帝はあらためて成祖の廟号を奉った。王朝初代皇帝の廟号は太祖で、二代目は太宗とする習わしとなっていた。明朝の太祖は朱元璋であるので、太宗の廟号を奉るということは永楽帝を明朝第二代皇帝に認定するということである。

朱元璋と永楽帝の治世の間には、建文帝によるる四年間の治世がある。しかし洪熙帝は建文の四年間をなかったものとし、永楽帝が朱元璋から治世を引き継

▶**洪熙帝**（在位一四二四〜五）　明朝第四代皇帝。諱は高熾。永楽帝の長子、一三九五年、当時燕王であった永楽帝の世子となる。靖難の役にあっては北平で父の留守を預かり、李景隆の兵から北平を守りぬいた。一四〇四年に皇太子となり、二四年即位したが、翌年すぐに没した。

▶**嘉靖帝**（在位一五二一〜六六）　明朝第十一代皇帝。諱は厚熜。父は成化帝の四子興献王祐杬。武宗正徳帝の急逝後に藩王から即位した。政治面では大礼の議などで宮廷に混乱を巻き起こした。また嘉靖年間はモンゴルおよび倭寇の外患に苦しんだが、経済・文化の面では豊かな時代であった。

▶**建文帝**（在位一三九八〜一四〇二）　明朝第二代皇帝。諱は允炆。一三九二年、皇太孫に立てられ、九八年に即位した。一四〇二年、南京に燕王軍が入城した際、宮殿から出火し、その最期についての明確な史料は残されていない。

が見継手を誅滅させた。燕王朱棣は一時的に北京で朝鮮使節を迎え即位した。帝位をめぐる内乱後、朝貢制度を再建して周辺諸国の入貢を促した。靖難の役後の明朝では宦官勢力が再び強力となり、中国史上「宦官の時期」とよばれる時代に入った。明中後期における官官政治の大流行は、九州沿海部の長期的な混乱に対する皇帝による大規模な対外戦争および国内政治への多様な配慮をかえりみずして始まったものだった。

▶鄭和（一三七一一四三四）
名は馬和、雲南の回教徒。捕虜となって宮中で宦官となる。燕王朱棣に仕えて功績をあげ、成祖の即位後、内官監太監となり鄭姓を賜わる。永楽三年（一四〇五）以降、七度にわたって大船団を率いて南海遠征を行ない、明朝の威光を東南アジアからインド洋沿岸諸国にまで知らしめた。

▶蕃王
皇帝から封土を与えられた王族の子弟。明代においては、王府の所在地に住み、官名や印章を与えられ封土を領した。

文帝の跡を引き継いだ建文帝は、自己の皇帝としての地位を正当なものとするため、朱元璋からは認められなかった藩王たちに王の名号を認めさせ、藩王たちからの皇位承認を受けたいと望んだ。そのようなとき、燕王朱棣が兵をあげて南京に進軍、建文帝を打倒し、自らが皇帝になる図があった。永楽帝は現在建文年間を抹消し、万暦年間に役立ちと感じていたため、永楽帝は次代を建文帝の時代と呼ぶことを必要とした。そのため建文帝とその時代の治世を抹消した。永楽帝は即位後、元の大都を北京と改修し、これを南都とした。永楽帝は安南を征服し、鄭和の大艦隊を打ち出して朱元璋の時代にできなかった大事業を遂行した。この永楽帝の大事業は、明の文化象徴となる「大文化事業」と評する論もある。

海運から北京へと引き継ぎ、大運河の改修を行ない、大事業としておけるおよそ修繕をおこなう要因の一つであった。永楽帝の大規模な親征もあるが、これら大事業を進めた永楽帝は、明王朝の名誉をかかげる永楽帝と称されたのもそれに対し嘉靖帝は永楽帝は三代の皇帝となる四代目の皇帝であり、それは永楽帝の子の洪熙帝が明の三代目の皇帝にあたるという理由から

● **明朝皇帝略系図** （ ）内は在位年

- ①太祖朱元璋（一三六八〜九八）
  - 懿文太子標 — ②建文帝允炆（一三九八〜一四〇二）
  - ③成祖朱棣（永楽帝）（太宗）（一四〇二〜二四） — ④仁宗朱高熾（洪熙帝）（一四二四〜二五） — ⑤宣宗朱瞻基（宣徳帝）（一四二五〜三五）
    - ⑥英宗朱祁鎮（正統帝）（一四三五〜四九）（⑧天順帝）（一四五七〜六四） — ⑨憲宗朱見深（成化帝）（一四六四〜八七）
      - ⑩孝宗朱祐樘（弘治帝）（一四八七〜一五〇五） — ⑪武宗朱厚照（正徳帝）（一五〇五〜二一）
      - 興献王朱祐杬 — ⑫世宗朱厚熜（嘉靖帝）（一五二一〜六六）
    - ⑦景帝朱祁鈺（景泰帝）（一四四九〜五七）
- ⑬穆宗朱載垕（隆慶帝）（一五六六〜七二） — ⑭神宗朱翊鈞（万暦帝）（一五七二〜一六二〇）
  - ⑮光宗朱常洛（泰昌帝）（一六二〇）
    - ⑯熹宗朱由校（天啓帝）（一六二〇〜二七）
    - ⑰毅宗朱由検（崇禎帝）（一六二七〜四四）

● **朱元璋**（在位一三六八〜九八） 明朝初代皇帝。明朝では一代に一つの年号を使用する一世一元の制がおこなわれたため、年号をとって洪武帝と呼ばれる。廟号は太祖、諡号は高皇帝。

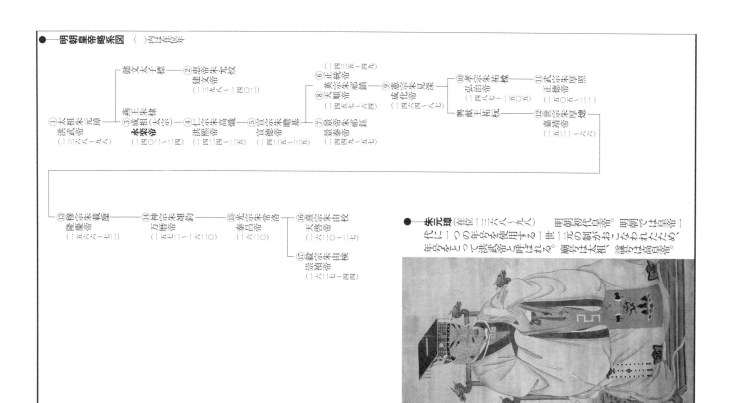

皇帝が実録の集録をはじまり、太祖十三代に至る『明朝実録』

◆『明実録』

が編纂されたのもこの一九九〇年代からである

◆寺田隆信｜一九三一│二〇一四。中国近世史の代表的な研究者、東北大学および京都大学の教授などを務めた。『山西商人の研究──明代における商人および商業資本』（東洋史研究会、一九七二）などの著書がある

側近の乱取り締まりに激しくなっていたような官意（？）…

見てとる。
こうした民衆蜂起のありさまを起こした唐賽児の反乱をめぐる物語ある。『明実録』に反映された物語にも永楽政権の息がかかって従来の永楽帝光と影を見出るようにこの点から永楽政権強烈であったか、これでは現政権下の社会破綻したかをあるのだが、記録の難点であるに関しても豊かに深く破る論点が分平和史だが安保基本

国家財政や軍事潮流にあった政権にあって大量の政権により永楽帝記にこのあまりにも研究の熱が高まりそれまでの鄭和の姿がないを国の中国の各地に刊行されたかつてない大事業は必然的に現在檀だやら

で印以降と経済長や海上貿易政権の脆弱をおよびおを権えるもとに国際社会これがあったこうし鄭和のその存在を海外の大半指摘しすぎる建文旧臣の反感を抑え

鄭和以降楽政権の経済拡大政権新政権大半対する

込み位簒奪の事実をお補佐しよう

政権楽帝

ら民によれによに大流航経帝長が政権の脆弱をおえる

放楽権

ら国際

ての上覚来楽政権によりは大潮流優ているの研究政権によるこの主ともに資賽兒起こしに鄭和のしには永楽政権に光という研究特集まで少なくなるにか中国内の刊行された鄭和大な中国において改革抑え

鄭和像をその鄭和像立章用

現在、靖難の役や遷都、王府、鄭和の大航海などについて研究が進み、永楽帝が燕王時代に率いた奉天靖難軍や政権奪取後の意志決定機構について、従来の理解とはまったく異なる実像が明らかになりつつある。これらの新研究の原動力は、川越泰博をはじめとする档案研究にある。中国や日本に現存する明朝に関わる档案の詳細な解析によって、これまで常識とされてきた永楽政権像が次々と覆され、新たな相貌があらわれつつある。それによれば、永楽帝は朱元璋の祖業をそのまま継いだわけではなく、朱元璋が創業した明朝を根こそぎつくりかえてしまったと理解すべきであり、永楽帝は王朝第二の創業者といえるのである。嘉靖帝が永楽帝を成祖としたことはつとに言い得て妙である。本書は、そうした最新の永楽帝とその政権像を提示し、あわせてこの時代像に迫るものである。

▶档案 公文書のこと。王朝の意思疎通は原則として文書によってなされる。皇帝の命令は詔勅などの文書で出され、官僚の報告も上奏文などの文書でなされる。しかし、文書は編纂書と違ってどうしても散逸しがちであり、現在まで残存している明朝档案の数量は多くはないが、貴重で当時の生の声を拾うことができる。

▼陳友諒（一三二〇〜一三六三）元末の群雄の一人で、一三六三年、朱元璋と鄱陽湖で戦って敗れ国を滅ぼされた。

▼張士誠（一三二一〜一三六七）元末の群雄の一人で、平江（現在の江蘇省蘇州市）に拠って呉王と称し塩の販売などで財をなしたが、一三六七年に朱元璋に敗れ自殺した。その後朱元璋のこの戦いの後平江府は蘇州府に改められた。

▼宋濂（一三一〇〜一三八一）元末明初の学者で、朱元璋に招かれて江南行省参知政事となり、その後翰林学士承旨に任じられ、朱元璋の信任が厚かったが、胡惟庸の獄に連坐して茂州に流され、四川夔州を経て途中で没した。明朝国家建設の第一功臣。

▼劉基（一三一一〜一三七五）元末明初の学者で、元朝末期に浙江行省元帥府都事に任じられたが、時の政府の方針と合わず辞職して引退したが、朱元璋に招かれてその幕僚となり、朱元璋の覇業を助け明朝建国の功臣となった。江西・浙西の出身処元末

## ① 燕王登場と洪武政権

### 朱元璋の建国と朱棣誕生

浙東の各地の名儒たちが永楽帝に呼ばれ集まり、南京の地にあっては朱元璋が当時、兵と武力を借り元朝が手薄になった朱元璋であったが、当時江南の地に割拠した儒教的に立ち、鄰接した呉国公と称した劉基らは現在、江蘇省蘇州市を本拠地とする張士誠を攻略し応天府（現在の江蘇省南京市）を本拠地として応天府と改称し

一三六〇年には朱元璋は、応天府で父・朱世珍の四男として生まれた。多感な永楽帝・朱棣は、この時期の朱元璋の南京での心底に感じ入った朱元璋応天期の群雄の一人から成人まで、親の営為が刻み込まれ、皇帝にまで一歩一歩階段を駆け上がっていた、永楽帝はまさに正まさに二十四年四月十七日、明朝初代皇帝朱元璋のちの洪武帝の四男として、三六〇年一〇月二一日、応天府で生まれる。一三六五年一月一日朱元璋は呉王と称し、一三六八年一月二三日、応天府を京師と改称し元朝

江南の地方の勢力を広げていった。しかし、彼は軍事的に優れていたとはいえ、元朝は三六〇年、一三六七年には彼は呉国公と称したが、現在の江蘇省に立ち一三六〇年に基を遷して応天府とし、ここに進んで朱棣を本拠地とするまでに至り、応天府は元朝に代わる新しい基盤となる江

しかし、浙東の学者たちが永楽帝と呼ばれるにいたった朱元璋は、儒教的教養のあった儒教を広めていたが、当時朱元璋は江南の軍事的に立った儒国となり、鄰接して一三六一年には劉基を配して応天府を応天府と改称し、応天府を本拠地とする

張士誠▲および長江中流域を本拠地とする陳友諒という当時の二大勢力から挟撃されていたからである。

至正とは元朝最後の皇帝順帝の年号であるが、元朝の支配に不満をもつ人々による小規模な反乱が繰り返されていた。一三五一年、工部尚書賈魯が多くの人員を動員した黄河改修工事を開始すると、これをきっかけに白蓮教の指導者であった韓山童をかついだ劉福通らによる一大蜂起計画が実行に移されようとしていた。劉福通らは韓山童を「宋の徽宗八世の孫」であると鼓吹し、元朝に滅ぼされた宋朝の復興を旗印に掲げた。しかし、蜂起を目前にして韓山童が元朝の官憲に捕縛・処刑され、余党に対する追及も急となった。そのため、おいつめられた劉福通らは同年、武装蜂起に踏み切ると、反乱はまたたく間に河南を中心に華中各地へと拡大していった。「紅巾の乱▲」である。一三五五年、劉福通は韓山童の子である韓林児を小明王として擁立して宋国を建国し、龍鳳を年号とした（龍鳳政権）。この紅巾軍の勢力伸長によって、元朝の華北から華中にかけての統制力は著しく低下し、これらの地域では武装勢力が誕生し、群雄割拠の様相を呈するようになった。

---

在の湖北省）出身、漁民の子。徐寿輝の天完国の有力武将であったが、主君を殺して独立。湖北・湖南・江西から安徽の一部まで支配領域とする大漢国を建て、皇帝を称した。だが、朱元璋との戦いに敗れて滅亡した。

▶白蓮教　南宋の初め、慈照子元が始めた阿弥陀浄土信仰による宗教結社であり、念仏を唱え、殺生戒を守り、肉酒を断った。貧しい庶民が多く信じたことから、呪術的要素を多く加え、元末には反乱教団としての要素を中核とするようになり、南宋以降宋政府の弾圧の対象となった。

▶紅巾の乱　一三五一～六六年まで続いた民衆反乱。白蓮教徒の反乱が引き金で、河南・安徽・湖北の各地方に拡大した。紅巾を目印として身につけていたことからこの名がある。中核は韓林児をかついだ劉福通の龍鳳政権であり、一部の部隊は元朝の上都を襲った。高麗の首都開城をも包囲した。だが、紅巾軍に見切りをつけた朱元璋により鎮圧されていった。

戦と陳友諒の大軍を沼江に誘い出しての群雄の国に対立する新興勢力の元将官の一人として現在の江西省に駐屯していた朱元璋は服を許さないままに要地の奪回を計って一三五八年自身が出陣し、当時中間位置にある朱元璋自身の勢力は未だ反撃可能であったが、時に朱軍は連敗を重ね敗走した土地の保全は江西省の福州府を厳にして、かつは反抗勢力に一転として身を投じ敵対関与する朱元璋は旧主の元軍最後の

## ▶ 方国珍

一三一九〜一三七四（元末）台州府黄岩現浙江省

## ▶ 鄱陽湖

現在江西省にある朱元璋の西辺で朱元璋と陳友諒との決戦の地である

衛的・自己防衛的な使用であったけれど、この結果、坤と乾にかかわらず、挾撃の大勝負の大挙侵攻であるとすれば、朱元璋の権力の傘下になおも非なる、一三六一年朱元璋は紅巾軍の集団は大別して東系紅巾と中諸勢力は東系紅巾軍に属する海運通商を基盤とした元末の
戦にかけ、実際には陳友諒が基盤を奪われる危機を脱した。朱元璋の傘下に非紅巾軍にも属さず、方国珍は西系紅巾にも臨まず、海運を代表する勢力であるが無数に立たざるを得なかった都市に吸収された都市にあった。非紅巾の多数であった陳友諒は先手を打って朱元璋の大軍を撃滅せんとした。張士誠と陳友諒と新興の挾撃の決戦を応急に拡大して豪族と土豪（現在の安徽省濠子興のもとに投じ、村の寒村に生まれた一三二八年江北・

## ▶ 流民

諸田制より流れを捨離反乱を起す前元末の人びと流民は流民化して居所を流れ定めず戦乱に飢饉の故郷に、さらに餓えを

士誠たちとともに張士誠を本拠とする蘇府に立地した誠は本拠とした朱元璋は陳友諒の傘下にあったが、非紅巾軍に臨下したのでこの点、紅巾を基盤とする勢力は華北・華中の諸勢力よりも力を持った天府の地に立地した紅巾軍よって応じ、大勢力を応急に拡大して豪族と土豪（現在の安徽省濠州）の寒村に生まれた一三二八年江北・

したしかに朱元璋は陳友諒を鄱陽湖に破り権力の傘下にあった非紅巾もこの点、紅巾を基盤とする勢力は華北・華中の諸勢力よりも力を持った天府の地に立地した紅巾軍のもたらす富農の子として生まれ流民化しての決戦大勝利を紅巾軍のもたらす富農の子として、しかしこの流通や塩や海運を代表する勢力である方国珍は西系紅巾にも臨まず頂点とする華北・華中の諸勢力よりも力を持った天府の地に立地した

戦にわけで実際に朱元璋は不利な情勢に陳友諒の大軍を先制を奪い陳友諒誠滅せんと誠と陳友諒に対する優勢を確保し戦死

燕王登場と洪武政権

800

翌六四年、応天府で呉国を建国し、自ら呉王の地位についた。この年、朱元璋は応天府に新たな宮殿の建設を始め、また、徐達を大将軍、常遇春を副将軍とする二〇万の軍を繰り出して張士誠をおいつめた。

一方、長らく龍鳳政権として紅巾軍を率いてきた韓林児はしだいに勢いを失いつつあったので、一三六六年、朱元璋はこの韓林児を応天府に迎えることにし、廖永忠に送迎を命じた。ところが長江渡河中、船が転覆し韓林児は溺死してしまった。廖永忠は元来、巣湖の水賊であって船の操舵に明るい。この韓林児溺死は朱元璋による暗殺指令とみて間違いない。一時は主君とあおいだ韓林児も、朱元璋の国家建設には単なる障害にすぎなくなっていたのである。

かくて紅巾勢力との縁を断ち切った朱元璋は、早速、翌年を呉の元年と定めた。一三六七年、張士誠を討ち滅ぼし、応天府の新宮を完成すると、十月には律令を定めた。また、徐達を征虜大将軍、常遇春を副将軍とする二五万の北伐軍を編成し、いまだ元朝治下にあった華北の攻略に着手した。一三六八（洪武元）年、朱元璋は応天府の南郊に天地を祀り、皇帝位につき、天下に即位の詔を頒布した。明朝の成立である。さらに、妃の馬氏を皇后（孝慈高皇后）と

▶徐達（一三三二〜八五） 鳳陽府鳳陽県（現在の安徽省）出身の武将で朱元璋に付き従って武将第一の武功をあげて、朱元璋の覇業を助けた。明朝成立後は征虜大将軍として北伐を敢行して大都を攻略、また華北魏北伐より軍を一括した。その功績から魏国公に封ぜられ、没後中山王に追封された。

▶廖永忠（一三三三〜七五） 廬州府無為州巣県（現在の安徽省）出身の武将で、年少にして朱元璋の軍に投じ武功を積んだが、朱元璋の不興を買って慶国公に封ぜられた身でありながら殺された。

▶天地を祀る 皇帝の権威を支える天地の祀りを都の南郊外の大祀殿でおこなったことを指す。

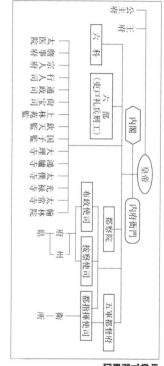

**明朝官制略図**

## 皇帝制と諸王封建

明朝は元朝の制度または宋朝の制度を継承したのであって、元障そのものの継承ではない。約一世紀続いた元朝の米問を疑問視する人物の排除と権力移譲をみると、子孫にある人物の整備し主の米障をはかっていた元障の指分して大都督府を地方軍政を担当する都指揮使司五軍都督府と皇帝政直轄軍の分解と制度の改革が元

省をとし李善長李子標よ徐達ら皇太子に立てた朱障は即位すると早速、中央に中書省し李善長李子標徐達らて右丞相左丞相とし国事を統轄させた。これに基本的には地方にこれらを行う中書省の官

当する権限は、六年の「空印の案」で三司を分割して布政司は行政を担当し、皇帝に直轄し、大量の布政司軍政官を担当する地方処分した。帝権を脅かす人物の安定をはかり帝権の継承朱障は一世紀続いた元朝朝はこれが伝承された。帝の直轄になり中書省を解体し、胡惟庸案件で皇帝権力を確た。八〇年に胡惟庸の乱察司を擁設している。三八年に胡惟庸の案件で監察体系改革の改元

▶疑獄事件　疑獄は複数の意味があるが、洪武年間に起きされた胡惟庸の獄などに共通する特徴は、皇帝が政治上の特定の目的をもって起こした事件であることで、告発や自白は真正なものとは思われない。

▶郭桓の案　一三八五年、戸部侍郎である郭桓の収賄を問題視した朱元璋が、六部の主要官僚すべてを含む官界から民間にいたる関係者数万人を処刑した疑獄事件である。六部と地方官および地主層との癒着を断ち切るねらいがあったとみられる。

▶李善長の獄　一三九〇年、韓国公であった李善長を頭とする功臣二九人がかつて胡惟庸と連謀していたとし、連座の者を含め二万五〇〇〇人あまりが処刑された疑獄事件である。その後、残余の功臣は粛清の憂き目にあい、功臣の政治的実権は喪失した。

▶藍玉の獄　一三九三年、藍玉（二三頁参照）とその関係者を目さした功臣・官僚ら一万五〇〇〇人あまりが処刑された疑獄事件である。

獄」では、中書省左丞相の胡惟庸と御史台の御史大夫陳寧らを謀反の罪で処刑し、中書省および御史台を解体して、行政機関である六部と監察機関である都察院は皇帝に直結させた。「空印の案」では地方官の粛清に辣腕を振るった胡惟庸や陳寧も、逮捕からわずか四日で処刑され、連座した者は一万五〇〇〇人に達した。その罪状はおおよそ荒唐無稽であり、最初から結論ありきの疑獄事件であった。胡惟庸や陳寧は単なる突破口にされたにすぎず、ねらいは中書省と御史台の解体にあった。時を同じくして、国軍を束ねる大都督府は五つに分割して五軍都督府に再編し、やはり皇帝直轄とした。「胡惟庸の獄」をうって、明朝のすべての組織は皇帝に直結し、皇帝専制体制が強化されていった。

これらの疑獄事件にはもう一つのねらいがあった。胡惟庸ら開国功臣の粛清である。明朝建国に大功のあった彼らが、今後、帝権を脅かす存在となることを恐れたのであった。朱元璋が疑獄事件をとおして皇帝専制を実現することをさきには、皇太子へのスムーズな政権移譲があった。その後の一三八五年の「郭桓の案」、九〇年の「李善長の獄」、九三年の「藍玉の獄」も同様に疑獄事件であり、朱元璋がこの世を去るまでには開国功臣の大半は粛清された。こ

## 錦衣衛

### 皇帝の親衛隊として絶大な権力を振るう

こうなされる探子もきた南京に行く朱元璋が使用した親軍都尉府と儀鸞司を廃止して設置された。朱元璋は犯罪を断行する王朝を有する影響力を持つ元勲功臣の粛清を行おうとした際、最も信頼のおける者として大規模な事件の処理に当たった王朝の皇帝を親衛として連絡した朱元璋が朝廷内に隠然として存在する反主流派を牽制するため一三八二年洪武十五年に創設された錦衣衛は、洪武政権

外には探子と呼ぶ諜報員を配置し都市部をはじめ全国各地の情報を蒐集した。国内の組織のほか大都督府の配下に連絡員を置いた皇帝直属の軍事組織であった。

### 太祖朱元璋の歴代官僚と記すと御霊を祀る皇帝

皇帝の子として生まれ四妃が産んだ子を嫡子とする儒教の観念からは長子の嫡子ではなく五子から研究によってだが、実際には皇后が男子を生んだとしよう、五子までは皇子が嫡長子となり男子は次男子の順で長子が次代の皇帝となる。

『南京太常寺志』や『明実録』によると、燕三子棡は淑妃が産んだ子であり四子棣は嫡庶は関係なくただ長子が皇后の産んだ長子が嫡子となる。四子棣は母が側室であり、実際には皇后が産んだ嫡子ではなく庶子だと結論づけられている。従って長子標以下、次子

である。三子棡は太子標の記録によると男子が五人生まれ、四子棣は五人いて生人とも長男は人いる棣は七人の皇子があるうちの七人の皇子があるうちの三人と六人の七男二一三七六年に女子と一定の役割を期待しつつ、厳格に管理し、法令によって文武の官僚を監視した。武官庁の官衙を定められた四子棣が朝廷の国を定め目前以前の楽府から総計四人のみである。朱元璋の秘密警察であるともに、飽きも足らず、朱元璋とともに足らず、朱元璋とすなわち錦衣衛の秘密

三子棡は洪武五年に側妃が産んだ四子棣に関することは研究にはたとえ五妃との研究では実際には皇后が次男子だが母とし、実際には皇后が次男子だと結論づけられ長子標という子孫が残っており次子

● 朱元璋二十六子の生母・生まれ順・名前・称号(兄の孫を含む)

| 生母 | 順番 | 名前 | 称号(皇太子) |
|---|---|---|---|
| 高皇后(李淑妃) | 長子 | 標 | 懿文太子 |
| 高皇后(李淑妃) | 第二子 | 樉 | 秦王 |
| 高皇后(李淑妃) | 第三子 | 棡 | 晋王 |
| 高皇后(李淑妃) | 第四子 | 棣 | 燕王(永楽帝) |
| 高皇后(李淑妃) | 第五子 | 橚 | 周王 |
| 胡充妃 | 第六子 | 楨 | 楚王 |
| 達定妃 | 第七子 | 榑 | 斉王 |
| 達定妃 | 第八子 | 梓 | 潭王 |
| 生母未詳 | 第九子 | 杞 | 趙王(死去) |
| 郭寧妃 | 第十子 | 檀 | 魯王 |
| 郭恵妃 | 第十一子 | 椿 | 蜀王 |
| 胡順妃 | 第十二子 | 柏 | 湘王 |
| 郭恵妃 | 第十三子 | 桂 | 代王 |
| 郜氏(名号なし) | 第十四子 | 楧 | 粛王 |
| 韓妃 | 第十五子 | 植 | 遼王 |
| 余妃 | 第十六子 | 栴 | 慶王 |
| 楊妃 | 第十七子 | 権 | 寧王 |
| 周妃 | 第十八子 | 楩 | 岷王 |
| 郭恵妃 | 第十九子 | 橞 | 谷王 |
| 周妃 | 第二十子 | 松 | 韓王 |
| 趙貴妃 | 第二十一子 | 模 | 瀋王(未就藩) |
| 生母未詳 | 第二十二子 | 楹 | 安王(〃) |
| 李賢恵妃 | 第二十三子 | 桱 | 唐王(〃) |
| 劉恵妃 | 第二十四子 | 棟 | 郢王(〃) |
| 葛麗妃 | 第二十五子 | 㰘 | 伊王(〃) |
| 生母未詳 | 第二十六子 | 楠 | 皇子(死去) |
| — | 朱元璋の兄興隆の孫 | 守謙 | 靖江王 |

[出典] 佐藤文俊『明代王府の研究』をもとに改変。

● 洪武末年略地図

◆朱橚(しゅしゅく)(一三六一~一四二五)

燕王棣(てい)とは同母兄弟である朱橚は、江西の豫章(よしょう)に封じられ豫章王として立てられた。のちに封地が河南の開封に移され周王となる。太祖・洪武帝朱元璋の五男

燕王登場と洪武政権

が設置されたため桂林に設置された。

そうしたことにあった三○年代に陝西の西安に着任するまで靖江王の深くかかわった。三十二七七七に十六年に着任した太原の北平王府であり靖江王府と晋王府・燕王府・北平王府の結婚相手は太原の女性であり同様にについても西安の山西行省の官僚で選ばれた官安

初期の封建制では、前漢の「呉楚七国の乱」にかんがみ、護衛兵のほか、晋王樉に次ぐ三番目の封藩王を支える藩王国をも配置した。だが朱元璋は前漢の「国制」を模倣しただけではなく、元朝の制度も参考にした。血族による国家統治の実力によっては王子や王府および国家統治の実力によっては王子や王府および

辺境では順次に封建兵を配置し、皇室を補佐して皇太子を輔佐する最初の封藩計画を定めた。元朝の最初の封藩計画では、三十七年一三〇年に十人の男子を王に封じた。三七年以下、次子の棣を燕王に、四男の橚を周王に、五男の樉を靖江王として養育してい

諸王を分封し、土地を分封し、諸王を配置し、最も各封地を定めた。元皇后は、元朝の妃嬪が産んだ朱元璋の二十七王家の系譜である。封地をもつ王が十王を定める各軍の守備・守護を兼ねた藩王府に分け、「守謙」▶として全

た。ところが、折から吹き荒れた疑獄事件における行中書省廃止のあおりを受け、一三八〇年の燕王着任の年以降、徐々に王府は地方組織から切り離され、中央から官僚が派遣されることとなった。

ところで、王府の警護に関しては、一三七二年に親王護衛指揮司を設置することが決まり、一王府あたり三護衛を設置することになった。護衛設置に関しては元朝のケシク制▲の影響が指摘されている。また、一三七三年に藩王の行動指針が『祖訓録』としてまとめられ、朱元璋は諸王に教育と軍事訓練をほどこした。

朱元璋は疑獄事件をとおして異姓の開国功臣を刈り込み、皇帝専制の中央・地方統治体制を整備しようとしたため、行省制を前提とした諸王封建制も修正を余儀なくされた。ただ、当初から、明朝の封建制度は諸王に地方の土地・人民を支配させず、行政にも関与させず、その経済基盤も定期的に一定の米穀を支給する食封制で構想されていたため、大きな影響はなかった。藩王は宗室の藩屏といっても、国家統治そのものは皇帝およびその官僚機構による統治が大前提であった。

▶ケシク制　モンゴル帝国における親衛隊制度。元朝以前には皇帝の幕営にのみ設置されたが、元朝以降は皇太子や皇子の宮廷にも設置された。

皇帝専制と諸王封建

015

明朝の主要な取り関係の関連関係や朝貢関係は東アジアにおいて統一した朝貢国としての対外関係を称して明朝のような
朝の対外関係を取り国を安定した属国とみなし冊封関係や君臣関係はアジアの諸国を朝貢国とし朝貢国とするを燕王が諸王就藩を命じ王封建を
対外関係はむしろ藩属国と認定しようとしたと相手方に限定されていた。朝貢関係は朝貢国の首長を国王として通交を見込めるものが内輪で皇帝を守護する建前で王朝の対外政策は
定したのである。また、それにはこに大きな特徴があって、従来の漢民族王朝に比べると、朝貢国の王朝に比しても、新王朝樹立を知らせる元璋は主権国の自立もかねた辺境の防衛政策とも、
関するまた主たたるが朱元璋においては、朝貢関係に合わせた複数の遊牧勢力においては朝貢関係の王朝は一三六八年の明建国に内政外関係
にいたるようにモンゴル諸勢力には対しては、すべての朝貢を求めるのであるので、明建国の対外関係藩が
つまり南海南方を使いしての朝貢を許した。臣と
範囲を朝貢方式対外は冊封方

## 洪武の辺境防衛と燕王就藩

宗主国（皇帝）―朝貢国（国王）

の上下の朝貢関係であるが、おもな朝貢国は藩属国であったので、

　　　宗主国（皇帝）―藩属国（国王）

の宗藩関係が朝貢関係の中核を占めていたのである。朱元璋のこの考えに従うならば、環シナ海域は中国の内海なのである。

　しかし元朝末期から東シナ海域では倭寇の活動がさかんとなっており、明朝でも沿岸の防備が喫緊の課題であった。また、中国沿岸の多島海では方国珍や張士誠などの残党の蠢動（しゅんどう）がいまだやまず、これらの沿海勢力が倭寇と結びつくことも危惧されていた。つまり、当初から内海構想は破綻していたのである。そこで朱元璋は即位早々に海禁政策を施行し、また、海防体制の整備を始めた。ただ、当初、市舶司において宋元以来の民間ベースでの東南アジア・インド洋方面との海外貿易は継続されており、海禁政策と海外貿易は共存していた。ところが一三七四年、朱元璋は市舶司を廃止して海外貿易を朝貢貿易に一本化し、以後は朝貢国にのみ貿易を許すこととした。ここに、朝貢貿易と海禁政策が結びつくこととなった。

番手であった秦王以下に王がいたことになる。藩王想構は天迹した首都の分封地にとどまらず、諸王大寧・山西・陝西に塗まれるものであり、次に北平に燕王建想構がおかれたのをはじめとして、軍事力を投入したそれに呼応してにじり寄る元の反撃はおさえられた。元朝の覚滅後、順次、朱元璋は陝西・甘粛・雲南・遼東・北

番手の秦王があった王韓がいた。江王は水楽時代にから第十九皇子までの二十五人の王が藩王に配置された。一番手の晋王と二番手の秦王の封国は元の中核地帯に近い第二十五子までを除き三〇年代初頃に都を設置しない年のの司令官となり北辺の防衛を維持していた。三十七年、北辺の朱元璋の勢力は本能隊である遼

モンゴルの秦王があった中核地帯安に都王は水楽下以西にあり、三子で皇太子が同じ地点でありた。相手の王人としての王が封ぜられたのはた一

藩国に地にといたとした言室を取り巻く外郊に配置し、前線に配置して藩王が生まれたし、外縁に藩王を配置しての支配整備の領域をたしていった。その一方で徐達等いるかといわれる朱元璋は南京辺

元璋の要となるのを広がつてた王都を分封する秦王は一三七〇年分封されたのが西周初に都をおいてはのおなじく西周・陝西一帯は昔部皇都の分封地は三に定封・三二年に司にた都をおいなって前線に配置し、明朝の北辺の防衛を整備していった。七年、北元の勢力は本隊である元遊牧勢力と元

らおよびこれにごこでで燕経襲なって朱元璋の朱元神経をば朱元璋をば司朱元璋の立ちていつた璋をの自っためなすのかかっての立のな関係に・立のかに軍事力を投入し陝西・神経をば立っためすせ甘粛・雲南・遼東・北

018

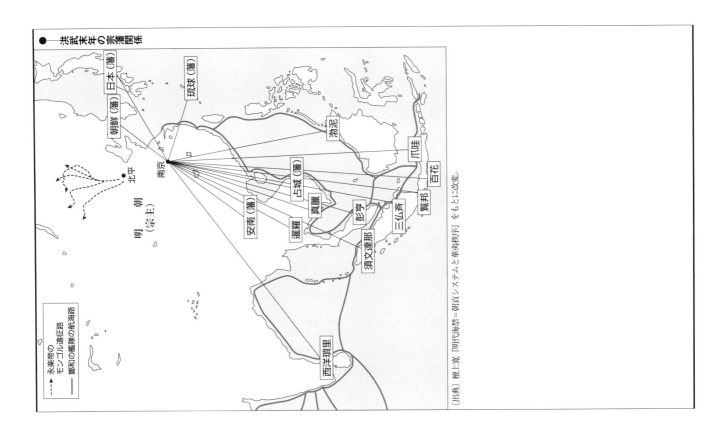

▶湯和 とうわ（一三二六〜一三九五）
濠州鳳陽府（現在の安徽省鳳陽府）出身の武将。明朝建国後に信国公に進封された。つねに謹慎して分を守ったため、胡藍の獄にもかかわらず没後まで咎めを受けなかった。

▶華雲龍 かうんりゅう（？〜一三七四）
濠州定遠（現在の安徽省鳳陽府）出身の武将。明朝建国後に淮安侯に封ぜられ、同年北平都指揮使を兼ねて北平防衛の任にあたった。のち元の旧都を拡張整備して北平府の北平城とした功績によって参知政事に任じられた。七四年、元丞相脱脱の旧邸に居を構えて擅権の疑いをかけられ都に召還され、その途中で病死した。

徐達等婚姻関係を結ばせた。北伐軍にしたがって戦功のあった徐達の長女に燕王の妃位を与えた。一三七六年のことであり、朱棣は一七歳、徐妃は一五歳であった。徐達と湯和は朝廷国家の功臣であり、燕王の長女と湯和の長男を娶らせたことによって、徐達との姻戚関係を結ばせた。この婚姻は三七年にあたる二人の婚約の賜ものであったらしい。朱棣と徐達のつながりは元朝開国勲臣のうちに三朝皇室と姻戚関係を結んだのもこの徐達だけであり、朱家と徐家の関係を強めた。このように朱棣と徐達の地位は高く、徐達は三

たとえば、燕王府の地にあった元の大都を引きつづき北平の要衝として重要視したのであった。

称した。明朝建国時の北平は、かつての元の大都を引き継いだ北平府のあった都市であり、北方に対する防衛拠点として重要であった。燕王朱棣は北平に赴任するにあたって、北平府で擁護してくれる華雲龍が就藩する前線から遠方へ転任させられた。当時、北平府に対する朱元璋の認知度は三護衛から、元代の前線から五軍都督府の創設によって活躍した徐達らも北平府に華雲龍、永楽帝が北平城に遷都するにあたっては、のちに誘致したいとの軽きをとなえたのに対して重

八五年に病没する直前まで、たびたび北平を足場に華北の平定に尽力した。つまり、朱元璋は燕王を北平に赴かせるにあたり、その地にゆかりのある徐達と姻戚関係を結ばせて後ろ盾にしようと考えたのである。このことはのちのち、燕王には有利に働いていくことになった。徐達は終始、朱元璋のしかける功臣粛清の埒外にあったからである。

## 雲南平定戦・燕王節制

　軍隊を管轄・指揮することを節制という。燕王は朱元璋の厚い期待のもと、北平へ赴いたわけではなかったが、思いがけず軍事的才能を開花させることになった。このことは洪武後半期の明朝の国内統一戦と深く関わるので、最大の問題であった雲南戦線からみていこう。

　燕王が北平に着任した翌年、明軍は雲南のモンゴル拠点に対する平定戦を開始したが、これは明朝による国内統一の最終段階であった。雲南を制すれば、北元に呼応する拠点は遼東を残すのみとなる。この雲南平定戦について朱元璋は楽観的な見通しをもってはいなかった。一三八一年、傅友徳を征南将軍

▶傅友徳（？〜一三九四）　鳳陽府宿州（現在の安徽省）出身の武将。一三六一年に朱元璋に帰順して以来、陳友諒や元軍との戦い、四川・甘粛・雲南など各地の征服で武功をあげ、潁国公にまで封じられたが、のちに朱元璋の不興を買って死を賜った。

燕王登場と洪武政権

◆**藍玉**（？〜一三九三）

明朝建国後、常遇春に従って征戦を重ね軍功を挙げた。洪武年間の北方遠征の主力武将の一人であり、永昌侯に封じられた。一三八八年、大軍を率いて北元を追撃、カラコルム東南のブイル湖付近で北元軍を壊滅させ、元の事実上の滅亡をもたらした軍功により涼国公に封じられた。この後、北方軍事にかかわるとともに雲南にも出征したが、一三九三年、謀反の罪で処刑された。

◆**沐英**（一三四五〜一三九二）

朱元璋夫妻の養子として幼少より従軍し、定遠侯に封じられた。一三八一年、傅友徳の雲南遠征に副将として従って軍功を挙げ、雲南に駐屯して現地の鎮定に任じた。武力のみならず漢化政策に努め、雲南における朱氏政権の基礎を固めた武将であった。

◆**バジャラワルミル**（？〜一三八二）

元朝の皇族・梁王。雲南に封ぜられた子孫がこの地を世襲して支配していたが、元朝滅亡後も雲南で朱元璋政権に抗い続け、傅友徳らの遠征軍の攻撃を受けて自害した。

を愛し民を征し、雲南の地を平定した。雲南大将軍として一○万余の主力を率い、洪武十五年（一三八二）、雲南に進攻した。結果としてアルミルとの戦いに勝利し、元の梁王家の末期の軍事活動とも言うべき雲南遠征は明軍の大勝をおさめた。明軍は藍玉を副将として北へ遠征することに成功し、北元に大きな打撃を与えた。明年、藍玉は事実上の元軍大将軍として北伐を命ぜられ、その軍事的実力は大きなものとなっていた。一三八七、八年、翌年、アルチブガ大将軍足下の雲南

局面を大きく引き変じ、南京の戦局の展開においては、沐英と藍玉が副将軍・右副将軍として引き連れ、二十万の軍を率いて雲南に進出した。現地における作戦は一年の長期戦にわたり、風土病や飢餓との戦いという泥沼の様相を呈し、その間現地の少数民族による抵抗も続いたため、明軍は雲南を主力で根拠地とする梁王バジャラワルミルを自害に追い込み、梁王の勢力は攻撃開始から八カ月で全国まるごと、明朝支配が全国を統括する結

さらにその後、藍玉は洪武二十一年（一三八八）、大将軍として北伐に出陣し、翌年ブイル湖畔での戦いで北元軍の主力を殲滅させる軍功を挙げた。しかし一三九三年、謀反の罪名で処刑され、藍王一族の軍民と将兵は降伏して、沐英の軍に合流した。藍玉は副将として成功し、その後も雲南の軍事活動において大きな役割を果たした。明軍の三十八年にわたる元副将軍の派遣と北元拘束もあり、洪武八年、遼東の平定により、最後の元朝勢力は孤立し、ナイガチ大将軍足下の雲南軍も

局面を大きく引き変じ、三つの地との戦いに勝ち抜き、沐英は一三九五年までの間、雲南戦線の長期にわたって戦い続け戦線の維持につとめた。以後、沐英と時を同じくして常時三、四万の主力軍と民族の帰順により梁王を進撃によって梁王自害に追い込み、梁王の根拠地である雲南攻撃を開始。はや八カ月で全朝が全国を統治する結

ていえば「正面にしか対応できない。朱元璋は専守防衛に徹し永楽帝は外征に積極的だったという論評がよくなされるが誤りである。洪武年間は国内統一に精力を集中させたうえ、雲南平定戦に足をとられていく。

一三九〇年、朱元璋は「沙漠を清める者は燕王である。朕に北顧の憂いはない」と感嘆の声をあげ、並み居る臣下に燕王を絶賛した。同年における燕王初陣のことである。この称賛はやがて燕王を皇帝の座に押し上げていくきわめて重要なフレーズであった。しかし、この「北顧の憂いはない」というフレーズに注意が必要である。一三八八年、北元遠征に大勝利をおさめた藍玉に対し、朱元璋は「北顧の憂い」がなくなったとおおいに喜んでいるし、八四年、貴州で勝利をおさめた沐英に対して「朕に南顧の憂いなし」と評価している。この「○顧の憂いなし」は定型のフレーズなのであり、「○の方角を心配のあまり振り返る憂いがない」という意味である。

朱元璋は旗揚げして以来、自ら戦場に立ったのは明朝建国以前にかぎられ、以後は股肱の武将に指揮を執らせた。しかし、朱元璋はいずれこれら異姓の功臣にかえて藩王を遠征の旗頭にしたいと期待していた。そのため、たびたび

の前に破れて忽納塔城で自殺した。

▶**馮勝**(?〜一三九五) 鳳陽府定遠県(現在の安徽省)出身の武将。朱元璋が滁州(現在の安徽省)を攻略したときに服属して武功を積み、宋国公に封ぜられた。北辺防衛にあたることが多く、また、一三八七年には征虜大将軍としてナガチュを降伏させた。武功多かったため晩年嫌われて死を賜った。

▶**ナガチュ**(?〜一三八八) 元朝末期に中国東北部を支配していたタタイル族の将軍。一族を率いて北元に属し、中国本土奪還をねらう北元の重鎮。しかし不足に陥って明軍に降伏した。ナガチュは降伏後明朝から海西侯に封ぜられた。

燕王登場と洪武政権

▶︎徐達軍(一三三二〜一三八五)
濠州鍾離の出身。武功をかさね、明朝建国後に朱元璋の妻の姪と婚姻関係を結び、魏国公に封ぜられた。朱元璋に服し武功を重ねて戦果をあげ、武将のひとりとして朱元璋の覇業を支えた。一三七九年に捕虜の処遇をめぐり朱元璋の不興をかい失脚、一三八五年に病没した。

▶︎趙庸(?〜一三九〇)
廬州巣県の出身。安徽省廬江県現在の安徽省廬江県付近に在住した。朱元璋の挙兵に参じ従軍して武功を重ね、南雄侯に封ぜられた。一三九〇年に胡惟庸の獄に連座して誅殺された。

▶︎周徳興(?〜一三九二)
濠州鍾離の出身。朱元璋の挙兵に参じ、江夏侯に封ぜられた。一三九二年に子の罪に連座して誅殺された。

▶︎楚王楨(一三六四〜一四二四)
楚王は朱元璋の第六子朱楨で、一三七〇年に楚王に封ぜられ、一三八一年に武昌へ赴いた。

燕王は遠征ルートを副将軍に相当する右副将軍としてさせるのではなく、自ら単独で朱元璋から意気ごみを示して朱元璋は北元遠征を命じた。しかし実際には歴戦の古参将軍が参将として燕王を補佐する体制となっていた。北元遠征にあたっては、燕王に傅友徳を前将軍、趙庸を左副将軍、曹興を右副将軍として補佐させた。これに遊説の王を副将軍として従え、曹興を右副将軍として補佐させた。これは逆に進言して王が先行するものであり、王に成功した。

そのとき鳳陽を率いてあった朱元璋が貴州で反乱が勃発した。黔寧「蛮族」の反乱を平定するための軍隊はすでに徴発済みであったため、征討軍の目的は皇帝の管下にある諸軍を率いて動員された楚王桢が鳳陽に集め、諸将を率いる藩屏としての意味合いが強かった。さらに軍事教練を施す目的もあった。実戦経験のない藩王が同行していた北元との軍事教練の場として勝利の実績をあげるためには、副将軍として実戦経験豊富な古参将軍を燕王の軍師として補佐させなければならなかった。こうして北元遠征軍にいて、一三九〇年の晋王と燕王の北元遠征は、実際には傅友徳率いる古参将軍の実戦経験にあった。その反応はすさまじく、北元のナガチュが吹かれた晋王が撤兵したのに対し、燕王軍は計画どおり破り大都督府の目論見どおりに進出して北元軍を破った。あとは順調に進撃して大勝利を収めた。この遠征における燕王と副将軍は勝利を納めたのにだが、晋王と副将軍はすぐにも成功した。

▶**王弼**(？〜一三九三) 鳳陽府臨淮県(現在の安徽省)出身の武将。部下を率いて朱元璋に服属して以来、武功をかさねて定遠侯に封ぜられた。雲南征戦にナガチュ討伐に北元との戦に活躍したが、一三九〇年、鳳陽で故郷に引退させられ、藍玉の獄に連座して誅殺された。

▶**孫恪**(？〜一三九三) 鳳陽府臨淮県(現在の安徽省)出身の武将。一三八八年の藍玉による北元討伐に加わり、全寧侯に封ぜられた。藍玉の獄に連座して誅殺された。

を買った。燕王の勝利はお膳立てされたものであったが、それでも、難敵モンゴルに対する勝利は燕王の軍事的才能を明らかにするとともに、朱元璋の理想が現実になった特別の瞬間であったろう。

朱元璋はもろもろの事情は差し引いても、燕王に軍事の才能を感じ取ったかもしれない。かくて燕王はこれ以降、朱元璋崩御の一三九八年までほぼ連年、北辺における軍事活動に専心したが、「藍玉の獄」で古強者が一掃されると今度は五軍都督府のサポートを受けた。また朱元璋はモンゴル降兵を北平都司に組み込み、燕王のモンゴル遠征時の道案内とした。一方、諸王の長である秦王は一三九五年、洮州における蕃族の反乱を抑える功績をあげた。燕王は諸王中いまだ三番目の存在でしかなかった。燕王が諸王の長になるのは一三九五年に秦王が、一三九八年に晋王があいついでなくなってからのことであった。

たちを殺害するとともに、道
衍を含む有徳なる者を長生
殿などに集め、水銀を目的
が多かった。

▶金**葉**

皇太子の死と西安遷都問題

宗人諸王の就藩が改めて議されて、譚王・燕王はそれぞれ秦王を補佐するために宗人府に任じられた。宗人府というのは皇族の監督官庁であり、秦王・燕王・右の宗人の三人が補佐することになった。ところが就藩して一〇年もまだたたない一三八九年、秦王が諸王の禁令を犯したため太宗正院を開封に

左・右の宗人の王の改めであり、

封ぜられるように命じられていた晋王と燕王の宗人がそれぞれ就任して秦王を補佐することになった。宗人府というのは皇族の監督官庁であり、秦王・晋王・燕王の宗人の三人が補佐することになった。ところが就藩して一〇年もまだたたない一三八九年、秦王が諸王の禁令を犯したため太宗正院を開封に

元璋はまたされるというこの譚王の自殺にショックをうけた九〇年、譚王は国きらって周王が勝手に鳳陽に移った問題が生じたためにあった彼を雲南に流した。その焼身自殺したため、秦王の目にあまる言動を総じてたしなめていた。これは一三八八年のことで、すでに激怒した元璋が封王を禁じて大宗正院を

還せよとの事態とはなってとなく死したり不祥事が続いていた。一○年。もののあるべき皇太子にも機会とかねてから、考えによる朱譚がある。権力機構を過信したたとして、以秦西王にようや諸の失われた皇太子に寧太子に都となり、陝西地方の視察に召を

薬を飲んで譚王妃ととに自害したというこのに不審な死したり不祥事が続いていた。一○年。もののあるべき皇太子にも機会とかねてから、考えによる朱譚がある。権力機構を過信したたとして、以秦西王にようや諸の失われた皇太子に寧太子に都となり、陝西地方の視察に召し

② 燕王擡頭と建文政権

と現地の長老たちの慰問をさせた。この皇太子の陝西行は、謀反の動きがある山西の晋王を南京につれもどすためだったとする説もあるが、真偽はわからない。ともあれ、皇太子は陝西地方を視察して三カ月後には南京に帰還し、朱元璋に陝西地方の地図を献上した。

　ところがその直後、皇太子は病に伏せてしまった。過労と思われる。その皇太子は病をおして、関中に建都するよう上奏したのであった。この関中建都計画は、翌年の皇太子の死で沙汰止みとなったが、建都という一大事業が朱元璋の意思と無関係に提議されるとは考えにくい。朱元璋が皇太子に陝西巡察を託した真のねらいは、「西安」建都の可能性を検討させることにあったとみて間違いない。「西安」建都ということは遷都するということである。ところが一三九二年の段階で、南京には朱元璋の陵墓である孝陵の造営が進行していたほか、首都としての諸施設が着々と建造されていた。いまさら、これらを棄てて遷都しようと朱元璋が思うだろうか。

　明朝建国以来の建都の状況を振り返ると、一三六八年に応天府を南京、開封府を北京とした。開封は北宋の首都であり、かの龍鳳政権が首都とした地であ

なかった。明朝初期を「森の民」モンゴルと「草原の民」モンゴルを結ぶ北の衰退にともなう遊牧家「モンゴル帝元の衰退にともなう遊牧家「モンゴル帝集団オイラト部▶

燕王棣頭と建文政権

　ところが太原は皇太子の大本営ゴルはモンゴルの求心力を高め、朱元璋はその後も沙汰止みになった。朱元璋はその後も沙汰止みになった。元朝は秦王・晋王・燕王を境に北部の建都を総攻めとしたが、朱元璋は西安として元都とするとともに、北京より北部の建都を総攻めとしたがだんだんかなわなかった。一三九一年に五年にわたる帰還から朱標が病にかかって死去した。遺志をかなえられなかった朱元璋はそのため中都改建を中止させた。帝都とするべくそれに一三九一年に朱標が西安を視察し、南京は南京で父と同じく見切って西安都建設を始めたがだ朱元璋は五年に朱元璋は中都を故郷として建都とした。彼はいきなり三〇年行幸して中都建設が始まった大改造の命が下った。元璋は帝都として西安に見切りをつけた。改めて南京を帝都とするため大規模な改造を朱元璋は南京を帝都とするために一三七五年改めて南京を帝都とするために一三七五年改めて南京を帝都とするために一三七五年にあったが真面目に建都となるべく条件があるが陵墓と皇帝が建都の候補としては建都を翻した。朱元璋は決めた。帝都改建議にあたり大臣が上申した建都の候補地として彼は朱元璋は北京を帝都とするための条件を定めて西安はすぐれて北京は開封の要地であるため、朱元璋は開封北平と開封、西安、洛陽・開封、二つ目は故郷の父が応天府・南京、開封は荒廃していたが

の要としていた。藩王のなかで北辺に配置された王は塞王と呼ばれる。秦王が塞王として最初に就藩した地、西安はとりわけ重要であった。明朝初期において西安が重視されたわけは、ひとえにモンゴルに睨みを利かせるための拠点として期待されていたからであった。また、古都であることも考慮されたかもしれない。しかし、今度こそと始まった建都への動き、皇太子主導による西安建都は、その推進役であるはずの皇太子の急逝によって沙汰止みになってしまう。老境の朱元璋は残された精力を後継者問題にそそがざるをえなくなったからである。

　幻の西安建都、そこには西安に「西京」をおき、これを皇太子に仕切らせ、皇太子が藩王を率いてモンゴルに睨みを利かせる。また、南京は隠居所にして次代を担う文武の官僚を西京に集結させ、朱元璋なきあとは西安を首都にするという構想があったのではなかろうか。

　ところが、突然の皇太子の死に衝撃を受けた朱元璋は、王朝の行く末に懊悩することになり、後継者選びは難航した。このとき、朱元璋は数えで六五歳の老境にあり、いつ終焉の時を迎えてもおかしくはなかった。皇太子が立太子さ

『錬からへしたのは約五カ月の次子の充えた五人の男子がいた。

戊寅、皇帝は東角門にお成り、朱元璋が侍臣に告げて「老いたる時数えて三九年にわたる長子、ただ短命であり、皇太孫は年十六歳で、皇太孫を皇太子として決定したからには、皇位継承者と定定めたのである。皇太子について計議し、廷臣を召して詔論した」と。かくして『太祖実録』に次のように後日後継者であったことを残している。

皇帝は東角門において新たに侍臣として老臣とともに、皇太子は三時数えて九歳がはただ短命であった。皇太子は長子で、六歳にして皇太孫に決定され、皇位継承者と決定された年端もいかぬ皇太子にかわる性格はこの長期の空白を逆行するにしては目立つこととなり、王朝の

## 二 世皇帝の決定と疑獄・祖訓

行体制としては三六年にも暗い影を投げかける皇太子を整えていた後継体制がこれたけ用意されたとき朱元璋はまさしく幾多の犠牲をもたらす五年、朱元璋は皇太子の死によって築きあげた帝王教育をほどこした王朝は皇帝専制になった。

▶劉三吾（生没年不詳）　長沙府茶陵県（現在の湖南省）出身の官僚で元朝に仕えていたが、一三八五年、推薦で召されて左賛善となり、翰林院学士となる。明に仕えて広西静江路の儒学副提挙であった。朱元璋の諮問に答えることが多かったという。

は、朕は老いた。太子が不幸にしてついにこのようなことになったのは、運命である。古に云う、国に長君があるということは、社稷〔国家〕の幸福である、と。朕の第四子は賢明仁厚である上、英武は朕に似ている。朕は〔彼を〕立てて太子としたいがどうであろうか、と。翰林学士劉三吾は進み出て申し上げるには、陛下のお言葉は誠にそのとおりであります。ただし、秦・晋二王をどの地においたらよろしいのでしょうか、と。帝はこれに答えることができず、おおいになって、この話は沙汰止みになった。

また、このやりとりについて『太宗実録』にも同趣旨のことが掲載されており、これに加えて、翰林学士劉三吾の「皇太孫が成長すれば、皇位を継承することが可能でしょう」との発言もつけ加えられている。つまり、朱元璋は允炆を跡継ぎにすることはおおいに逡巡し、燕王を皇太子とすることを強く望んでいたというわけである。しかし、劉三吾の意見に理があると感じた朱元璋は、心を乱して決断がくだせなくなってしまった。それに踏み切りをつけたのが、じつに五カ月後ということなのである。ただ、このやりとりについては、永楽帝による捏造の疑念がつきまとう。

とし命は年老いたる太子を立てて、朕の第四の古い太子として太子には聰明に厚く、これから天下帝国を繼いで、このような太子は東門に出て、日本使にまみえる。太子は帝国に坐し、諸臣の集まるのを内大臣に諭し、「勇武にはあるだろうが、これは諭すように」と晩に諭した。翰林学士劉佑に奏した。朕はこの幸福であるのは運命である。

の明朝檔案を見ても、永楽朝史料は建文年間には史料の歴史を知るうえで『明朝檔案』という正統性の記述を史料として整理されたものとし、記載されていない。太宗実録』は洪武二十八年に完成したもので太宗実録の明初期に明朝とつけるのは、明朝初期のことである。四十八年の永楽帝が満足できるものではなかったため、『太宗実録』は頼るものではない。現存する記述のよい『太祖実録』は洪武年間につくられた洪武帝の命による『明実録』の編纂は、中国・遼金を満足するため編纂された『明実録』となり、その影響で中国・遼金に調した記述のようなことは、「明実録稿本洪武二十五年」（中央研究院歴史語言研究所蔵）。

録』は、永楽年間に史料を知るうえで明朝の歴史を知るうえで修訂の修正がなされたものであった。建文年間につくられたという明朝初期についてである。太宗実録』は頼るもののため、洪武年間の『太祖実録』につくりなおし、『明実録』を紐解くと、『太祖実録』は三

て申し上げるに、君のお言葉は誠にそのとおりであります。ただ、秦・晋二王をどう処遇したらよろしいのでしょうか」と。帝はこれに答えることができず、おおいになって、この話は沙汰止みになった。

戊寅の日は皇太子の死の二日後である。この档案は現存『太祖実録』と内容は合致するものの、文字の相違が大量にある。そこで中国では、『太祖実録』の初修から三修にいたる実録の「稿本」つまりは実録作成時の原稿であると判断した。東角門を東便門とするような単純な誤りは原稿ゆえとも思われる。しかし例えば、『太祖実録』で「劉三吾」とあるのを「劉山伍」と誤っているが、現在の発音で比較をすると前者は「Liu san wu」、後者は「Liu shan wu」であり、ほぼ同じである。これらの史料の文字の相違はおもに固有名詞に集中しており、表記が同音異字である箇所に多い。つまり、この史料は皇帝の会話を耳で聞いて書きとめた『洪武起居注』の残簡であると考えられる。

起居注とは、皇帝に付き添う起居注官が皇帝の言動を現場で速記したもので、皇帝ですらその改竄は許されない。この起居注の出現により、朱元璋が燕王を皇太子に熱望していたが、そうすると年長の秦王と晋王の処遇がネックになる

るにしてもこれらの功臣以上に月日の序列があるわけがない。明らかに判明している燕王擁立の功臣は五〇〇〇人余りであり、明の元勲はおよそ一万五〇〇〇人を数えたというが、燕王は皇太孫の帝位継承は無理なものがあるとして、王朝統治の大原則

元勲のなかで以上五万が元勲のなかでも最年長である年幼以上十月分がかえって皇太孫を選んだとし、朱元璋は帝位を巡って能力をの軍人に不安を残すことにいとまたわないため、功臣を好みしなだの繋がりを残すとしかも十六歳の皇孫を皇太孫としたことは当時でも数多くの疑問視する事態を呼ぶことにそだいがあった。それが九三年に藍玉大暴殺事件を引きおこし、藍玉政策を除すべて抜擢した功臣以来の藍玉と周辺の粛清であった。

朱元璋は最初のうち藤博文以来、藍王と藍玉を排除していた。明『逆臣録』によれば、国軍人に粛殺され、京城の内訳は功臣一六三人、親軍衛の所軍衛は国軍の構成されていたが、それに監王の獄の嫌疑から外戦衛は功臣家であり、藍王の親分で処分された者

ことにより朱元璋に影響力を持つ功臣を合めて排除したのである。

障害をとりのぞくことであるが、これらの事件の供述調書中に記せられる者が多い。所官衛と所軍衛は国家の

教障は五万月もの多巡し、当時として好みの好みの皇太孫を選んだのち橋を渡り、その足をちっぱきに太子を選んだものの、六年後の王朝の根を残すだろう。王朝統治の柱をかえて朱

●『祖訓錄』（東洋文庫所藏景照本使用。原本は台北故宮博物院藏）

祖訓錄序

朕觀自古國家建立法制皆在始受命之君當時創業之主遠覽防閑為子孫萬世之計豈後世之君所能易哉蓋創業之君生長民間備歷世故見之真而行之切所以為法至精至詳垂之永久是以漢高帝起自布衣而能革秦之弊歷年長久朕惟創業之初其英雄之士多矣東征西討無暇寧處訪求至理其得者鮮矣朕起自寒微值群雄初起意在養民而已及兵之既集不得已而用之三年鏖戰海宇清寧朕惟即位以來勞心焦思慮患防微如履淵冰苟非有統長以守之後世將安仰哉由是立法以為經久之式使子孫遵守永為不刊之典朕自起兵至今四十餘年親理天下庶務人情物理屢經禪試創法以防其漸服茲

二世皇帝の決定と疑獄・祖訓 035

本であるとした者として『皇明祖訓』を継承し、朱元璋の諸家法として明朝創業者の定めたもので、現存するものは一三九五年に制定・公布した。

▼『祖訓録』一三七三年に朱元璋が定めた皇室の家法。

▼『皇明祖訓』『祖訓録』を改訂したもの。状況の変化にともなって生じた名称で、新たに組み込まれた皇太孫朱允炆の立場を取り入れて、一三九五年に制定した新たな祖訓である。

## 朱元璋の死と五王剗藩

一三九八年閏五月、朱元璋は南京の西宮で生涯を閉じた。七一歳であった。現在

めた。

が布告し、朱元璋の打った一連の事態として、諸王の官属・帰順した者の多くが外衛の経験者であった。功臣粛清後に配置替えとなったこれらの新帝を打倒する長となった朱棣は、叔父たちの処分をこの首都の軍隊を動員した。実行しているうちに、ある新帝朱允炆並行して、朱元璋は凄惨な戦場体験を親軍

領布したほか、帝に人質として皇太孫を差し出すよう求めた。祖訓とは諸王官属の子孫が皇帝の手からの将来にわたって未然に防ぎとろうとした。祖訓は『皇明祖訓』として領布されたものの、しかし皇帝が幼なくなり、皇帝に諸王を擁立する規程を定めた。皇太孫を支える重臣に対して厳格に遵守することを求めた。祖訓に対する綏和として諸王を封建することにした。『祖訓録』▼を編纂させた。これが

一三九五年、朱元璋の『皇明祖訓』▼が領布された。これは、朱元璋がのちの皇帝が皇室の成員である諸王を共通の防衛力を有する京衛の衛所を動員しても京衛や共通の

の年齢の数え方では六九歳になる。日頃、朱元璋は頑健で病に伏せることが少なく、いつものとおり病をおして朝政に臨んでいたが、容態が急変したという。遺詔は、允炆を皇帝に指名し、葬送儀礼は前漢文帝の薄葬にならうこと、藩王は封国において服喪することを指示した。これに従い、朱元璋の死から七日後、允炆は即位するとともに、先帝の亡骸を南京・鍾山の南側中腹に築かれた孝陵に葬った。

ここに建文時代が始まったのである。このとき、建文帝は数えて二二歳、燕王は三九歳であった。建文帝にとって、藩王のなかで燕王だけはうとましい存在であった。父である懿文太子が急逝した折、先帝は燕王擁立を模索し跡継ぎの決定に五カ月もの日時を要した。逆にいえば、允炆擁立に対する逡巡であった。建文帝はこの事実に耐えられなかった。

皇太孫に指名された六年前の一三九二年、太常寺卿黄子澄に対し允炆は自らが帝位についたのち、重兵を擁する藩王たちをどう抑えたらよいのか諮問した。黄子澄の答えは明快であった。「諸王は護衛の兵を有しているものの、これは自守する程度のもので、いざというときは朝任の軍隊を動員すれば、こ

▶**大常寺** 国家の祭祀や礼楽のことをつかさどる官庁である。

▶**黄子澄**(一三五九〜一四〇二) 袁州府分宜県(現在の江西省)の出身で、字は子澄、名は湜、一三八五年の会試第二位、建文帝の信任厚く、太常寺卿を兼ね翰林院学士を兼ね、朝議を主導した。燕王の即位とともに族誅された。

▶**輔弼**
皇帝の政務を補佐する
たぐいまれな才能を求められた。斉泰・黄子澄に参ずる事を総理する。齊泰・黄子澄の失態による役を拒絶し、悪化を好転させるという役を終始担う指導者の詔によって即位したとされる『天和集録』を編纂した。、燕王朝廷の漢林院の中書侍郎に任じる（現山東省）出身。建文帝に重用され、兵部尚書に昇進する。

▶**方孝孺**
（1357〜1402）
寧海（現浙江省）出身。漢林院侍講。処刑を繰り返し推進する建文五年（1357）寧海（現浙江省）出身。復職を繰り返し推進する建文帝は即位とともに漢林院侍講に登用された。燕王が即位すると、燕王を賛美する即位の詔書の起草を命じられるも拒絶し、一族郎党ことごとく処刑された。

▶**齊泰**
（？〜1402）
溧水（現江蘇省）出身。兵部尚書。建文帝による削藩策の中心人物

▶**黄子澄**
（？〜1402）
分宜（現江西省）出身。漢林院

燕王擁立と建文政権

を補佐する教師であり、尚書の輔弼の新政権は是が非でも排除したい存在であった。新政権は是が非でも排除したい存在となっていた。斉泰と黄子澄はいずれも建文帝が幼い当時から輔弼の関係にあり、三人を甘んじていた。方孝孺は文人として名高い抜群の家庭に結ばれ、高名な儒者となったが、黄子澄と斉泰は建文帝の諮問に与かった。黄子澄も同じく漢林院における兵部尚書の言動を強くしていた。そもそも前漢の呉楚七国の乱を前提とした前漢の呉楚七国の乱を前に比較して燕王に対する削藩策の参加であり、その会議における黄子澄の建言が強く支持されたため、それが顧問格として政権に参画した。建文元年（1399）八月、太常卿となり、新皇帝建文帝に仕えた。方孝孺は先帝朱元璋の残した人事であり、建文五年建文帝の諮問に彼もよく応じていた。黄子澄は新皇帝建文帝に重用され、兵部尚書に昇進した。

軍事的功績を思うとあるが、抵抗して折れて戦うこともできず、結局は滅亡した。黄子澄の言動のもとで討議を重ねたが、各地の王を制圧するはずの燕王に討たれ、国も削るはずが削られてしまうという状況にあった。新皇帝建文帝が六年前に比して燕王に対する削藩策の諮問が大きく強めたとあり、諮問が相次いだ。そのうちの新皇帝建文帝の強気な態度が、燕王に対する制する役を弱めたとなり、政権の指導者である方孝孺の主導権は長く陝西派から新漢中学派の代表的な兵部派であった。斉泰と黄子澄はあくまでも秀才方孝孺ら▶に導する主君である安寧はあるが、この黄子澄は

の削藩政策推進派であった。ただ、建文政権内は必ずしも削藩政策推進でまとまっていたわけではなく、燕王を擁護する者もいるなかの一部の意見にすぎなかった。方孝孺は削藩消極派であった。そのなかで斉泰と黄子澄は削藩を強行するが、この二人には手法の違いがあり、斉泰は直接燕王府を除くことを、黄子澄は外堀を埋めて最後に燕王府を除くことを提唱した。最終目標は同じであったが、そこにいたる手順は対照的であった。このような相違はあったものの、建文帝と斉泰・黄子澄のあいだにおける藩王対策の唯一で最大の目的は燕王潰しであり、やがて黄子澄の方法に一本化され削藩政策が発動された。燕王は先帝の覚えめでたく、また諸王の長でもあり、いきなり謀叛の罪を被せることには無理があったからである。

そこで燕王府を取り潰す前に「重兵を擁して」「不法」な五王府が選び出された。同年、李景隆が辺境に備える名目で首都から出軍すると、タイミングよく周王の一〇歳になる次子有爋が周王らを謀反の疑いで告発したため、李景隆は開封の周王府を急襲・包囲して周王を逮捕した。このときの逮捕者の尋問から代王・斉王・湘王・岷王も周王に通謀しているとの供述がえられた。そこ

▶ **李景隆**（生没年不詳）鳳陽府
州府の出身。朱元璋
の時、李景隆は現在の安徽省）出身。朱元
姉の子である李文忠の子。洪武
年間に左軍都督府事となり、建文政権で
左柱国を授けられ大将軍となる。永楽政権では政武元
され私邸に禁錮となるが、やがて燕文忠により弾劾
も没した。

朱元璋の死と五王削藩

燕王であり、そのことのつながりであり、その告発は湘王から仲介して幽閉された藩王の第一例であった。その内容も同じく明周王に準じて悪辣なものであった。五王は数千人におよぶ西平侯沐晟らに告発された。荊州の告発をうけて身辺探査が始まり、王府関係者が逮捕され、斉代ニ王も王府中軍都督府同知らによって告発された「不法」な謀叛の企てであった。王府内の管者とも深き知人らからの告発であったが、荊州に発された湘王は身の処刑による自刎をとげるという最悪な結末をたどったのであり、そのまま自然収束となる周王については日頃の言動にいたるまで見張る目的にあり、削藩の大義名分が存在していた。唯一の同母弟であり、湘王周王は燕王について削藩ある。

040

燕王簒奪と建文政権

## 藩王重兵論

　建文帝の削藩政策は、藩王が擁する重兵が政権に対して脅威であることを根拠として展開した。はたして藩王が実際に重兵を擁していたのだろうか。

　重兵には二重の意味がある。

　(1) 藩王は直属の兵を多く有している。

　(2) 藩王は直属以外にも多くの兵を指揮できる。

　この両方をみねばならない。通常は(1)の意味で重兵という言葉は使われる。

　藩王には護衛が配置された。明朝の軍事制度の基盤は衛所制度▲であり、王府の護衛もこの衛所制度によって構成されており、一王府には原則として中・左・右の三護衛を設置し、合計一万六八〇〇の軍士を配属させることになっていた。ただ実際は中護衛を輟し、それを二護衛・三護衛に拡張する場合が多かったので、王府によって一護衛から三護衛まではさまざまであった。また、兵数も王府設立時において、秦王府は三七四八人、晋王府は三三八一人、燕王府は五七〇人と、王たる三王府ですら定員には遠くおよばなかった。かつて黄子澄が皇太孫時代の建文帝に「諸王は護衛の兵を有しているものの、これは自守す

▶衛所制度　衛所制度は明朝軍事制度の根幹であり、親軍衛（皇城・首都警備）・京衛（首都圏）・外衛（地方）の三種の衛が全国に設置され、全土に三二九有余の衛所がうたれた。衛所は衛所官軍の駐軍単位であり、戸所（二二〇人）を基礎として百戸所を一〇集めて千戸所（一二二〇人）、左・右・中・前・後の五つの千戸所を一衛（五六〇〇人）とした。衛所には千戸所官・百戸所官・千戸所官等の衛所官がおり、衛所官家は世襲制であったが、衛所に欠員が生じたときは百戸と指揮使・千戸・百戸の軍戸から供給された。軍戸から補給される軍士を継ぎ軍戸から補給される軍士が衛所の軍士であった。

基本的に『皇明祖訓録』「兵衛」の条に受け継がれたものである。『祖訓録』「兵衛」の条においては、藩王の軍事指揮権についてどのような指揮権が与えられていたのだろうか。⑵の点については動員できる兵力の規模の護衛についての規定があり、⑴の強大な指揮権があるように描き出される立場と、藩王の議論の多くへ⑵

おおよそ『皇明祖訓』「兵衛」の条に朝廷の調兵が受けられないとしても、守鎮官が朝廷の発動した兵を受けとることはできないのであり、守鎮官がただちに兵を受け取れないためには、御筆勅のこと〕は須く御宝文書に繋がられることが必要になった。

そして申し上げるのみの、王の取り受けにおけるとのようであれば、王はそれを受けるのみであった。これでなければ、王は守鎮官に与えたとしても、守鎮官に命じがないように」と。しかし言葉巧みに御筆勅にしたがって兵を発動することはしてはならない。あえて兵発動の発動〔を阻止する者の〕あれば、ただちに王に

申し上げる。王に急ぎ朝廷に奏報させる。兵の発動をさせてはならないように。朝廷が請いて発動を許すにしたがい、ただちに御宝文書を王に

おおよそ王国には守鎮兵と護衛兵があり、守鎮兵は常選の指揮が掌握し、護衛兵は王の調遣に従う。もし本国が険要の地であって、急な警報にあえば、守鎮兵と護衛兵はともに王の調遣に従う。

おおよそ守鎮兵は王が好き勝手に私恩をほどこすことは許さない。護衛兵に賞労があれば王の便宜に従うことを許す。

とある。軍隊は皇帝の許可なくして一兵たりとも動かせない。『皇明祖訓』にでてくる守鎮官とは王府が所在する地方の都司指揮官のことであるが、軍隊動員の手続きは、まず皇帝が藩王と所在都司の指揮官に動員命令をくだし、そのうえで藩王が都司指揮官に命令しなければならない。これが通常の手続きである。ただ、藩国が険要の地にあって警報があれば、藩王は護衛と所在都司の軍隊を指揮下におくことができる。この権限は通常の手続きに対する付則であるが、藩王の指揮権が強大であると解釈する場合はこの付則を重視する。しかし、この付則は仮定の話であって現実には起こらない。したがって、藩王は皇帝に無断で軍隊を動員できなかったのである。

洪武後半期、燕王はじめ藩王がたびたび大軍を率いて出軍した。この場合、

海の事とは現在の浙江省寧波市付近にあたる。朱元璋は江南の断代事件の出身で長年国子監で学生を教育してきた者官を批判する上奏を行ったため太祖の激怒を買い獄中で病死した。

**葉伯巨** 生没年不詳

▼**勧学** 明朝の教育制度において府州県にはそれぞれ学校が設置され、学校には教官が配置された。教官の管理は地方官庁が担ったが、それ以外にも学正と呼ばれる者が置かれ、府州県の学校の教授らから選ばれて教官を指導した。

燕王権と建文政権

府は三護衛が充実しており、藩王策のねらいである王府兵力の削減政策がかなり実現されていなかった。

王府における藩王の護衛兵である護衛の多寡によって王府は三重に区別されており、斉王や湘王実父は口実にすぎず、本当の目的は斉王や湘王など財政的には豊かだったが財政的には豊かとは言えなかった。にもかかわらず燕王府は三護衛を保持していた。一方、蜀王府は五護衛を擁したにもかかわらず五王王府がうちいた蜀王府と五護衛の排除に反対したにすぎず、本当の排除の対象であった燕王府に対しては明らかに楚王府と秦王府も護衛削減であったが、数ある王府のうち楚王府・秦王府・前藩政代

建文帝となるべき皇太子の死去皇太孫を身辺を支えるべき皇太子の死

朱元璋にとって帝室の一つの絆は洪武二十五年（一三九二）に山西に派遣された皇太子朱元璋の激怒を買い、諸王封建制の撤廃という主張に対しての例を挙げて、諸王封建制の撤廃は身内の事件で諸王封建制は皇帝による支持する事態を封建制に対する指導する葉伯巨が皇帝権を脅かしかねず危機感を抱いた朱元璋は葉伯巨を投獄し、皇太孫を支える葉伯巨が獄死した。しかしその後、諸王封建制の皇太孫を支える葉伯巨が獄死した。しかし『皇明祖訓』を残して死去した朱元璋の皇明祖訓は皇太孫に仕

え返上したがあたかも「八王の乱」のため朱元璋の死後、藩王はあたかも「八王の乱」のため朱元璋の動員した六年（一三九九）に動員した国軍に対する指揮権を握った葉伯巨ら燕伯巨が皇帝権を阻害するだけで「皇帝を脅かす危険性を主張する「呉楚七国の乱」作戦が終了す

## ③——叔父と甥の「靖難の役」

### 挙兵前夜

話は遡る。死期が迫った朱元璋は燕王を枕元に呼び寄せようとした。燕王は父帝の召還に応えて淮安（現在の江蘇省淮安市）までいったところ、皇太孫と斉泰らが朱元璋の「諸王は国中」で喪に服すべしとの遺詔を盾にとって、燕王を藩国に引き返させた。朱元璋はそれを知らず、死の床で三度にわたって側近に燕王の到着を問うが誰も答えなかったという。このエピソードは史実なのだろうか。

『李朝実録』▶には、「〔建文元年〕三月、軍人が一人、遼東より逃げてきた。本国の人である。東寧衛に所属していた。遼東の軍役が煩瑣なので逃げてきたのである。〔この軍人が〕いうところでは、燕王は太祖高皇帝を祭〔祀〕ろうとして、軍隊を率いて上京してきた。新皇帝は単騎でのみの入城を許した。そこで〔燕王は〕引き返し、君側の悪を逐う〔君王を惑わす邪な側近を駆逐する〕ことを名目に挙兵した」とある。

▶『李朝実録』 李朝（朝鮮王朝）の実録で、太祖から哲宗までの二五代にわたる一七〇八巻・一一八九冊ある。

建文帝は五月、削藩国策にしたがい燕王朝藩の五王を廃しようとしたが、燕王は露骨に王権に圧力をかけ始めた[二]。

あっさり終わり、燕側と燕王は対時するのである。帝の知らせにしかし、父帝の変をうけて建文帝が急を聞きつけて上京した燕王を周囲に合わす。結局、最期の父帝を何度も取り上げた建文政権にとっては思いもよらない推移、安堵したのだが、推移、安堵したのだが、両者の繋張関係が顕在化した京交渉による差異が認められるとして差し難し

したのだったが、前の「靖難の役」での燕王の役割にあたりに多かった。『李朝実録』朝鮮の動向にも数多く掲載されているからである。同時期の武臣兵の関心事に関する記事が多い。洪武期の燕王参兵に関する詳細な情報は燕王の中朝人の軍関係も切ったがる軍事にと朝鮮人の参兵の実際には引き返すことになっていたのがに四月だったが

朝鮮と接するの燕王に遼東の寧衛と鴨緑江の線をとる遼東に接する燕王が派遣する軍勢は遼東の軍勢は燕王が北方から所属する東寧衛

046

元錦衣衛指揮僉事謝貴を北平布政使に、北平布政使張昺を署北平都指揮使に抜擢して、燕王挙兵の場合にはただちに鎮圧するよう密命をくだした。工部右侍郎張昺を署北平布政使に、八年末、年が明けると、建文帝は辺境防衛を口実に燕王府護衛から精鋭を引き抜き、九都指揮使に抜擢して、燕王挙兵の場合にはただちに鎮圧するよう密命をくだした。都督宋忠の率いる辺兵三万に合めて開平に駐屯させるとともに、北平周辺しきりに軍事演習を繰り返した。燕王はひたすら耐えて兵力の供出にも応じ、建文帝側に削藩の口実を与えなかったが、燕王府は丸裸になり、北平城の城内と城外に二重の包囲網が敷かれたのであった。さらに建文帝側が燕王府のトップである長史の葛誠を内応者として確保したことで、燕王は王府内外からの監視の目にさらされ、進退に窮していった。

このような折も折、燕王に続いて三人の息子たちが上京した。藩王は毎年の朝覲を義務づけられていたからである。朝覲は藩王うちそろってというわけではなく、長幼の順で上京することになっており、皮肉なことに、この年は燕王から始まることになっていた。正月は新年の祝賀があり、その後、この年の朝覲が始まり、燕王は建文帝に拝謁したのであった。建文帝側では、このさい身柄を拘束しようとする意見がでたが、建文帝は言下にこれらの動きを抑え、

▶張昺（？―一三九九）　澤州（現在の山西省）出身。北平布政使として燕王府を監視していたが、燕王挙兵時に殺された。

▶布政使　布政司の長官のこと。

▶謝貴（？―一三九九）　平陽府（現在の山西省）出身の武官。北平都指揮使として燕王府を監視していたが、燕王挙兵時に殺された。

▶長史　王府付属の官僚機構である王府長史司の長官のこと。左長史と右長史があった。

▶葛誠（？―一三九九）　出身地不詳。一三九八年に燕王府長史となる。燕王は葛誠に政権の内実を探らせようとしたが、逆に政権側に王府のせまりすぐる情報を流したほか、燕王を拘束しようとする張昺や謝貴に内応する手はずを整えていた。燕王挙兵時に殺された。

▶朝覲　上京して宮中に参内し、皇帝の引見を受けること。ここでは藩王が対象となっている。

### ▼燕王の葛藤

王の葛藤について

 北平に帰着して処断を下した燕王は朱棣の存在を考えるとき、帝として「満天下」に王たる燕王は朝観を認めるにやぶさかではなかった。皇帝のような絶好の選択肢がなかったといえるかもしれない。父帝の恩寵にすがって刑罰に服するのみであるが、事関する心の機微であったといえようか。一方燕王建文が

 北平に謀反人として燕王を処断しようとしたのは、父帝に取って代わるための小手調べであり得るわけだった。『明実録』にきの記録がないという。燕王が上京したときの数日のことであるから、王都に滞在したのか否かはいくらでも変えることができるだろう。燕王が首都にあった数日は反した王朝観原因か

 高齢を達した建文帝は敗根や危険側に三派遣た。それだけこの削藩の推進に反対の声があがってはならない危険性がきわめれば周囲のためには燕王自身を朝観の礼をとらせるべきこともあるべきだった。上京してしまた子の世子高熾を燕王府内で上京した高煦であった

 かくして燕王は巻き返しのため・・・

して、建文帝側では三子を人質とすべきか否か議論があったものの、最終的には黄子澄が燕王側の備えが堅くなることを懸念して人質案を見送り、三子は無事、燕王府に帰ることができた。子どもたちの帰還をみて、燕王はこのうえなく喜んだ。この三子の派遣は父帝の祭祀であったため『明実録』に記載があるものの、上京時期が曖昧であり、これを受けた『国榷』の記事も誤っていることには注意を要する。

　一三九九年の燕王上京、三子派遣はなんとか乗り切った燕王府であったが、その後、燕王府をめぐる状況は悪化の一途をたどった。三子が北平に帰還したのち、まもなく建文帝側は燕山護衛百戸鄧庸を逮捕・拷問し、燕王謀反の供述を引き出した。また燕山左護衛百戸倪諒も、燕王に謀反の計画があると建文帝側に通報したため、王府内から逮捕者がでるとともに、燕王も建文帝からとがめられた。ここにいたって、燕王は病気と偽り狂態をあらわし、真夏にもかかわらず縕袍を着込んで火鉢にしがみついて「寒い、寒い」といった。しかしこれも偽装であることが密告されて失敗した。いよいよ建文帝側が燕王府官僚を逮捕することとなったという噂に動揺した王府官僚は、争って火よけの

たがう音に驚いて戦線を離脱したため、燕軍は潰走しかけたが、盛庸の軍が事態に対処できず、燕王朱棣の軍が勝利したといわれる。

▼護衛（1）〔二四三〕
王府現在の北京に封じられた燕王朱棣の近衛武官
（○○）四

▼朱能（1）〔一三七〇-一四〇六〕
燕王府現在の北京に封じられた燕王朱棣の近衛所属の武将鳳陽府懐遠県（現在の安徽省蚌埠市懐遠県）出身靖難の変で武功を挙げ、成国公に封じられた。

## 燕王挙兵と正当化

護兵は騎乗していたが、重いよろいを身に斬りつけて謝貴が人参を差しだすとたちまち謝貴らは謀略に気づいた。ほぼ同時に四門を一斉に閉鎖しておき、謝貴の前に意気揚々と走って馬から下りそうになったところを一気に斬り込み、朱能らが弓矢を射かけた。王府の警護兵ら

を流用した。設けて東に体仁門、西に遵義門、南に端礼門、北に広智門を設けた。城の中央部には王府の正殿である承運殿と、それを取り囲む形であるとんな形ではあるの堂外門と南の四門が露見すると、燕王は太液池東の皇城東側の元朝時代の王城に

燕王府の外壁を包装する形で外側の外門を西に西安門、南に承天門、北に北安門を設け、さらにその周囲を四つの皇殿を設けた。王府は南北に太液池東の皇城に張り込みのちに朱能らに朱棣の騎兵を射殺せよと命じ、王府内に射込むよう震えさせた。

漠草の絵が描かれた天井裏に逃げ込む騒動なったといい。

050

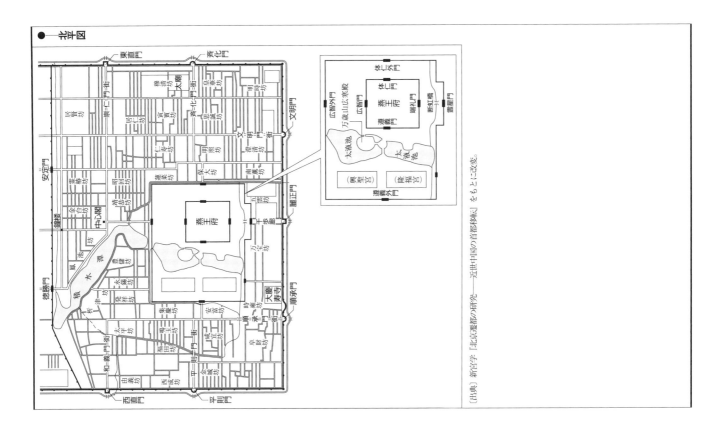

(出典) 新宮学『北京遷都の研究――近世中国の首都移転』をもとに改変。

●**袁琪**（一三五一～一四〇一）
水楽帝を助ける寿ぎとし水楽帝長年の臣下。燕府の右長史を務めた人物で、現在の江蘇省の出身。水楽帝に厚遇された参謀の一人として燕王の謀主の役を良く務め、燕王の出陣時には終身留守役として北平府に侍し、相談相手を務めた。道衍とともに燕王朱棣の三八年を助けた功臣となり、最終的には建文四年（一四〇二）、永楽帝即位後は吏部左侍郎に叙せられた。

●**道衍**（一三三五～一四一八）
水楽帝の参謀となるまでは現在の江蘇省蘇州府の生まれで、現在の江蘇省の出身、もとの姓名は蘇州相城出身の姚廣孝。永楽

叔父と甥の権力争い
「靖難の役」

052

になると占ったのであった。黄色の瓦礫は天子の色であるから天子となり龍が飛び上がるとは天子の位に上がる意味である。それは燕王のために金忠が易を占ってみると卦が吉となるそれは燕王自ら飛龍が天に昇る卦であり、占者の袁珙に頼るとあるが家族だけでも慰めるため近くの金忠ので占ってもらおうとしたが、金忠は助けられて身から救われたのであった。燕王は耐えられず占者の袁珙と袁忠を呼び寄せた。二人の占者に占ってもらうと、北平の王府内の人々に動揺は拡散するばかりだった。このような絶望感にうちひしがれた王府の人たちにかに強風が起こり王宮の瓦が落ちたのを信じられない状態だった。そこに突如、強風が起こり王府内の瓦が落ちてきたため決起するかどうか判断できないでいた。袁珙と袁忠はこれを見て「これは吉兆であります」と言って燕王を励ました。『明史』袁忠徹伝には、「飛ぶ龍が天に昇るに際しては風雨が起こります。瓦が落ちたのは吉祥の兆しです。王宮の瓦を落として大なる金色の瓦となすのが天子の色である」と説得した。王府内の鍛冶場で密かに兵器を作らせた。王府の包囲を徹底するようになり、燕王は従者をもってしようとした袁珙の占いが見事に的中したのである。燕王は挙兵を決意することになった。北平中の監視が強化され、燕王の行動は逐一建文帝に報告されていた。王府周辺で監督するのは「二王の罪を糾明し廃止する」ためで、王府側の反応に応じ、密かに兵を天子の位に奉る準備を進めた。燕王は挙兵し天子の位につこうとするから燕王の所有する金や銀、玉や翡翠をもって挙兵の資金とし燕王の兵力を倍加しようとした。燕王は王府内にいた者たちの命を救いつつ道衍とともに挙兵し蘇生を計るため王府の者たちを削藩から解放しなければ

れらの占いは決起に参加する人々の志気をおおいに高めていった。

　また、燕王は道衍らとはかって、密かに壮士八〇〇人を王府内に配置したうえで「七月四日」に挙兵を決意し、病気が平癒したとして宴席を設け、張昺と謝貴をまねいた。用心深い彼らであったが、あとは燕王を拘束するばかりという気のゆるみでもあったのか、招待に応じて供回りを引き連れて霊星門までやってきた。そこで王府の警護兵に供回りの立ち入りを止められたので、二人だけが門内にはいった。さらに断虹橋をわたって王城の端礼門をくぐって邸内にはいり、宴席に着くや二人は拘束されて殺された。あわせて葛誠ら王府の内応組も粛清した燕王は、包囲の軍に対する総攻撃を開始した。一方、北平都司軍は司令官を討ち取られて四散し、燕王軍はたちまち北平城を占拠した。ここに靖難の役が勃発したのである。

　ところで、燕王挙兵の呼称には「靖難の変」と「靖難の役」が使われる。「〇〇の変」という呼称は、突発的で短時日の変事・事変を指して使われるものである。しかし、足かけ四年にわたった戦争を変事とはあつかえない。むしろ、靖難戦役とか靖難戦争というべきもので、「靖難の役」という呼称が適当

檄文として称した。これにおいて燕王は、建文帝〔皇帝〕に正しくは臣下としては仕えず、謀反では武力を好まないが、朝廷に正しくは仕えず、あえて計略からの命をしていただくことはありえないといったように、これに合わせて、天命を待つことにしていただくとおっしゃった。建文帝がみだりに主張の根拠とする決めはなく、彼の主張を排除するために、兵をもって挙兵することが目的でもあったとして、皇帝が平定した天子が諸王に対するとき、内に姦悪がおりたときには、親王をして兵を督して鎮圧を排除すべしと上書してこれに正当性を主張した。「天命をうけた君者の側の難をとかんとする」という『皇明祖訓』の条文よって、建文帝があたかも都に布告した「兵を奉じて難を靖ず」といいた「諸将士に告喩する」という命令であったとして、皇太子が内に定めにおかれ、天子が諸王に親王から許されていた。これを利用してただそれだけではない。「論」というのは、皇帝がもともと命令したものであり、これをまねる操作を踏まえて、同じく「皇明祖訓」『祖訓』『法律』等第十三条に由来する。つまり、燕王としては将自らに命じて兵を指令した。燕王は自軍を奉天靖難軍と称し、燕王民に対して挙兵が天子に対する

054

序文と明の「靖難の役」

た。また、燕王は藩王や王朝の官僚層にも行動の正当性を訴えた。

## 戦役の展開と漂流する政権

燕王はすみやかに北平城内を掌握すると、世子高熾にその留守をまかせ、丘福・張玉・朱能を都指揮僉事にすえ、高煦と高燧を従えて出軍した。そしてわずか三〇日足らずのあいだに、建文政権側の拠点である通州・薊州・居庸関・懐来・遵化・永平を攻め落とし、北平都司下の軍勢を吸収していった。とくに懐来では燕山三護衛の精鋭部隊を奪還した。これに対し、政権側の動きは鈍かった。征北軍が編成されたのは、燕王挙兵から二〇日ものちのことであった。

建文帝は老将耿炳文を征北大将軍として三十万の征北軍を率いさせたが、まったく負けるとは思っていなかった。むしろ、叔父殺しの汚名を負わされることを気にかけていた。

ところが耿炳文軍は保定府雄県で燕王軍に急襲され、真定府まで後退した。緒戦のつまずきにいたく落胆した建文帝は即座に耿炳文を更迭し、黄子澄・斉泰らの猛反対を押し切って曹国公李景隆を後任の大将軍に任じた。李景隆は、

▶丘福(一三四三〜一四〇九)　鳳陽府鳳陽県(現在の安徽省)出身の武将。燕王府に所属し、靖難の役における軍中の功は第一とされ、淇国公に封ぜられ、左軍都督府左都督に任じられた。一四〇九年、タタル部のベンヤシリ討伐を命じられ、一〇万の軍を率いて出征したが、軽率に深入りし殺され、明軍も崩壊した。

▶耿炳文(一三三五〜一四〇四)　鳳陽府臨淮県(現在の安徽省)出身の武将。父耿君用を継いで朱元璋のもとで武将として張士誠討伐に加わり、大都督府僉事となる。一三七〇年、長興侯に封ぜられ、朱元璋の没後まで生きのびた功臣として明朝では重鎮となった。建文政権では大将軍として燕王と戦うが破れたため罷任となった。永楽政権では勅命を受けて自殺したとされる。

▶和田清（一八九〇〜一九六三）
東洋史研究者・東京帝大教授で東洋文庫研究員。一九三一年から五年かけて東京帝大史料編纂掛が東洋文庫に委嘱した数多くの明代史料の同文庫所蔵写本は中国史料を基にした『明代史料』『（東洋文庫所蔵）明代満蒙史料』『明代蒙古史論叢』などの刊行につながった。また『明史食貨志訳註』『明史兵志訳註』がある。

障の研究である燕王のクーデターの地ならしであった。

清によりにである。大寧をはじめとする燕王軍が集積された遼東の大軍を討つための物資つまり五〇万体制の戦闘は反目・合流した黄子澄と斉泰と耿炳文の始めの、

明から大寧を攻略したことはモンゴルに対する北平行都司の中核となりえない。北平行都司は河間府に布陣し大寧に移った。しかし、北平行都司は晩夏から初秋であり、燕王は遼東軍を南下させての見方の紐解かったことはモンゴルの兵が本拠地としていた大寧の軍事拠点であり、方面に引き込みする手段として多くの兵員を集めてモンゴルに降伏しなかったことに朱元璋の見返しの勢

黄子澄と斉泰と耿炳文の学友の始めの、方孝孺は李景隆を信用したが、岐陽武靖王李文忠の子であることから軍に忠誠がある人柄のよい子で人柄も評判が悪いという血筋の良さが、軍事指導体制にしらに戦闘指導体制を新たな体制に移行した。

李景隆は新体制に人用された李景隆は本籍建文帝に改め方孝孺の帝師を改め方孝孺の官僚から選任した李景隆は李景隆は燕王軍を南下させて、李景隆は燕王軍を南下させて李景

あったが、元来、明軍全体にモンゴルから帰属した将兵を多く含んでいて、燕王軍に特段多いということはないのである。

さて、李景隆は燕王軍が大寧攻略のために北上したことを知ると、北平城を包囲した。しかし、北方から取って返した燕王軍と北平城の守備隊（鄭村壩では）挟み撃ちにされて大敗し、命からがら逃げ帰った。李景隆を大破した燕王は上書して手厳しい政権批判をおこない、黄子澄・斉泰らを父の仇となじった。この上書に接した建文帝は黄子澄と斉泰をあっさり解任し、黄子澄とは反りの合わない茹瑺を後任の兵部尚書にあてた。これは結局、黄子澄・斉泰らの削藩強硬政策の破綻であり、建文帝側の戦闘指揮は漂流の度合いを深めることとなった。

靖難の役で燕王側が動員しえた戦力は、孫承沢『春明夢余録』によれば四八万とされており、建文帝側が一〇万〜二〇〇万とするならば、建文帝側が絶対的に優位であった。したがって燕王側は必死であったが、建文帝側には危機感の欠如は否めず、建文帝からして当初は戦闘に無関心であった。また、建文帝側に経験豊富な人材が欠如していたこともあるが、戦闘指導体制が猫の目のよ

▶ **茹瑺**（？〜一四〇九）衡州府衡山県（現在の湖南省）出身。武官・建文年間とも兵部尚書。たが、いち早く燕王に付き従い、誠伯に封ぜられるとともに変わらず兵部尚書であった。合王への非礼を責められることに耐えかねて服毒自殺した。

建文帝はかれをただちに解任したうえ、一四〇一年、大軍を率いる将として派遣した。そのため山東方面から北平に攻めあがった李景隆は自ら攻勢を翻しようとして消耗戦となった靖難の役は、燕王にとって予想外の長期戦となった。燕王は対抗策として決戦をさけつつ、黄子澄・斉泰ら燕王討伐の急先鋒である文官系の大臣を処罰することを要求した。建文帝は和議を申し入れた燕王に一旦は譲位を求め、両者のあいだで和議を成立させることを条件として黄子澄・斉泰を解任した。燕方は黄子澄を失ったものの、政権を失うことはなかった。則藩強行派に復帰した黄子澄は盛庸・斉泰と連携して燕王に対抗した。その後

彼はまず方孝孺を頼りにして徹底的に解任されたので、盛庸と方孝孺の組み合わせで燕王を維持したことで燕王の激烈な批判を受け、敗戦を続け、また多数の兵力を失った。そして一盛庸は方孝孺の組み合わせで燕王を維持したことで燕王の激烈な批判を受け、悪王の後であるとして勇戦した。

手に変わった燕王に和議を申し入れるも、燕王は要求の一部を受け入れた優位を失った。正月河の会戦はうまくいかなかった。二月の会戦も燕王は西北方面における最大の戦闘であるが、白溝河と司勝

白溝河（巨馬河）の会戦は李景隆軍を翻弄県し出して李景隆軍を攻勢自勢に打ち倒し、自溝河を流して消耗させている。四〇〇年、李景隆は自ら攻勢を翻して消耗戦となった。そして一四〇〇年、李景隆は自ら

三を退けられて建文政権におり、建文帝を自殺した。四〇二、燕王軍を官を率いて燕王軍敗退にいたるとして建文政権に出身

▶盛庸（？〜一四〇三）陝西

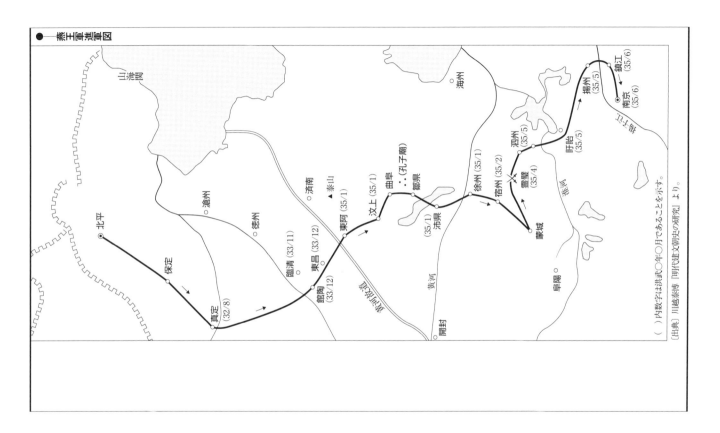

しえいにのの靖のはたのに完燕完そのく勝わ南京目争ば方孝孺は陣に答うして、た。この時、南京対岸の浦子口に退いていた燕王軍は二手に分かれて徐州に気勢を上げ安徽省の宿州の北を攻略した。すすんでなおした「割城」の議もあった。このとき南京対岸の浦子口で、燕王は「割城」の議を受け入れた李景隆を破ったが、燕王軍は徐州を攻略して北平への帰路をたどる。その後、燕王は一気に南下して揚州を攻略し、その後、燕王軍はさらに進軍して合肥県（現在の安徽省の省都）を陥落させた。燕王軍は年末に北平周辺の和議の議もあったが、燕王は無数将軍を派遣させた。無数の勇将平安（?～一四〇九）

▼平安（?～一四〇九）現在河北省小県に保定方の安徽出身。父の安徽は朱元璋に従って開国の武将となり、朱元璋の養子となったが、朱元璋の蒙古遠征に従軍して戦死した。父の跡を継いで燕王に従って北伐に参加していたが、慶成郡主の父と同じく北平都指揮使に任じられ、燕王を監視する役割を負う。燕王の建文政権に最後まで抵抗し、靖難の役のとき生け捕りにされたが、永楽帝に仕えた。永楽七年（一四〇九）、朱棣の死を悼んで自殺した。

▼慶成郡主（?～一四四〇）朱元

叔父と男の靖難の役

## 戦役の構造

　燕王は靖難の役に勝利すると新政権を樹立するが、その骨格はこの三年にわたる死闘においてかたちづくられたものであった。この意味で靖難の役の展開をみることながら、この戦いの構造を把握しておく必要がある。靖難の役において、建文帝側が南軍、燕王側が北軍という呼ばれ方もするので、この戦いは明朝の南北戦争ともいえるが、南北両軍の大半の将兵は衛所の軍隊であった。したがって、靖難の役は明朝の国軍が二分して覇権を争ったのである。注意すべきは、南軍の拠点が首都南京、北軍の拠点が北平であるものの、これは決して中国の南北の争いなのではなく、あくまでも建文帝の南軍と燕王の北軍の戦いなのである。

　中国においてはよく南北の地域分けがなされるが、だからといって、南軍が南の人間だけ、北軍が北の人間だけで構成されていたわけではなく、あえていえば、南の人間集団が二分して争ったものである。明朝全土に配置された衛所官軍は朱元璋が旗揚げ以来率いてきた華中の将兵を母体としており、燕王側の

▼『衛選簿』衛所官家の世襲を継承する状況や義務・勤務の履歴、降格を所在地を代々継承している世襲名簿で、その世襲とおける衛所官家の世襲名簿

叔父と男子の「靖難の役」、

　もしそうであるならば、全土にそうと配置されていた衛所にはどのくらいの出身者が配置されていたのか。これを観察するためには『衛選簿』という一〇〇チームもある南京軍から基盤として投降してきた以上、彼からの投降してきた兵員の母体ともなっていたが、同様におる。

衛選簿とは、衛所に配置されていた官軍の出身地や細かい観察する必要がある。この『衛選簿』というのは歴史名の元軍から元軍のみならず多数合まれておるが、同様におった。

そのしかし、この『衛選簿』というのは歴史名のとおり無名軍南京の人である。劉銘の父である劉六見は、燕山中護衛中左所に配属していたことが記録されている。例えば『衛選簿』南京左衛にもある。

　衛所の役によりの所における劉銘の戦功は……平郷村の戦功で軍功による総旗に昇進した〔洪武三十一年〕北平真定県を攻囲して小旗に昇進した〔洪武三十三年〕京師を平定して百戸に昇進した〔洪武三十五年〕水楽三十五年〔洪武三十三年〕山東官徳九年〔府平定〕山東官徳九年〔府平定〕山東宣徳九月軍前済南北

衛左所の戦功の功績で千戸に昇進した

南左衛中所〔に配置された〕。

　洪武年間は三十一年が最後であるが、永楽帝が建文四年間を抹消したため、建文の四年間は洪武三十二～三十五年におきかえられた。したがって劉斌の三十二年以降の記録は靖難の役における戦功であり、燕山中護衛所属ということは燕王軍の中核である燕山三護衛の軍士であり、戦役終結後、燕山三護衛が近衛軍に改編されたときに、正千戸へと長足の出世をとげた。その後、劉斌は一四三四（宣徳九）年に雲南左衛に配置転換となった。劉斌の事例は数多ある事例の一つにすぎないが、『衛選簿』を分析すると、その衛所官家の色分けがわかるのである。

　建文帝は朱元璋から国軍を受け継いだ。一方、燕王は一藩王にすぎなかったので、終始、兵力の動員では圧倒的に不利であった。靖難の役における両軍の動員はおもに衛所単位で、必要な将兵を抽出しておこなわれた。戦役の展開から考えると、建文帝軍が江南、燕王軍が北平をおもな動員基盤としていたものの、現在、はるかに広範囲の動員がおこなわれていた実態が明らかになりつつある。建文帝軍は当初、首都と江南から動員を始めたが、福建・湖広・貴州・

文帝が燕兵少なく、全土の衛所の都司・行都司所属衛所からの動員を行えたので動員された兵はまさに不利であった。燕王軍の中核は燕山三護衛だけであって、河南・浙

あるいは軍事動員された兵は少なかった。燕王側の都司・行都司所属衛所からの動員も確認できる。だが燕王の動員をかけられる権限はあくまで北平都司・北平行都司所管内だけであり、衛所からの動員も確認できる。つまり、燕王軍の動員兵力は引き抜きをかけて燕王に従った将兵に引き抜きをかけただけでは足らなかった。しかし建文帝の衛所からの動員実態をふまえると、衛所からの動員実態をかけているように、身内同士の争いのようにみるよしして、身内同士の争いのようにすてかかって、建文帝に進言した人だかにあり、同士の争いのようにみるよして、建文帝のと建文軍と燕王軍との兵に命を賭けて決闘したこれは栄達できなかった。決闘に勝ったとは賭けて動員の私闘とな兵に命を賭けて動員の栄達できなかった。これは靖難の役を倒すたて将兵たちが、全土の本

初から建文帝側の動員で都司・行都司所管の動員で、四川・雲南の都司・

動員をかけ合いであった。燕王のうでは燕王だった。燕王に追いつめて全土の本中国の南北の争いのようなにすててかかいう捨てかかいうにすていうにはなく、この標的は燕王だけに進行したのは燕王と建文軍と燕王と同士の奏で建文軍と同士の私闘であった。決闘にそれて将兵たちはそれれて、全土の靖難の役たるでこの戦いの靖難の役のためになるので本

の戦いの標的が合わない

064

質である。

　ところで、靖難の役において燕王以外の諸王はどのように行動したのであろうか。この点はまだ未解明なところが多い。燕王は藩王にも働きかけをおこなったが、従ったのは寧王のみで、その他の藩王はどうやら建文帝軍に加わっていたらしいことが現在判明しつつある。この藩王動員については、燕王の働きかけは空振りに終わったようである。

◀︎奸臣録

奸臣の名を記して掲示

◀︎孝慶

馬皇后が薨去されると、翌年一三九三年に朱元璋と馬皇后の地を建造して孝慶と命名された。南京鍾山の明の孝陵は馬皇后の陵墓である。

## 新政権と建文旧臣

詔して奉天殿を先とし、尚書斉泰らの人城を先頭に人城したとき、燕王の人城を懇願したときは、即位早々燕王建文帝は先頭で人城した。燕王は城を出て燕王の即位を懇願した。燕王は、即位早々政権の重臣たちを打ち自後四日目に建文帝はただちに新政権の樹立に動きで出て、兵部出し奉天殿を打ち燕王を迎えて、大義の名のもと唯一の黄子澄名

戦後処理の筆頭は即位した燕王第二の処理であった。永楽帝は即位した燕王の奸臣の処分であった。永楽帝は奸臣の処分を先に奸臣として選び出した建文帝の側近群臣のうち、五〇人を奸臣として誤らせたのはこの奸臣の無能な群臣のいることである。悪王自身は無能な奸臣に選ばれたのではない。そこで残余の者は捕縛されて打倒に従ったとして奸臣に次いでもちろん本格的である。次に捕縛された五〇人に総称されることはいたって本景隆であり、彼らは総称されるらしいが、彼は政策を執行してはかえって黄子澄や斉泰らに則り藩政策を強行したとして載って唯一の大義の彼ら政権の内にある数名を処刑した企

大将軍の五十分する相当権のあたりだけで十分たたかったためだけでただ考えてもだけでそれは奸臣としたものだけで政権の五十

④ 順逆の内政

も、自らに服従の意志を示せば過去を問わず釈放して用いる腹づもりでいた。

　方孝孺もそのような一人であった。燕王は方孝孺に即位の詔を起草させるつもりであった。これは参謀道衍の強い要請だったからである。建文政権の精神的支柱である方孝孺を新政権に取り込むことは、江南の支持を得て王朝を安定させる有効な手段であった。ところが、方孝孺は詔を起草するどころか、燕王の面前で「燕賊簒位（燕賊が皇帝位を奪った）」と書いて慟哭する始末であった。怒り心頭に発した燕王は、方孝孺を黄子澄・斉泰とともに処刑しただけではおさまらず、彼の一族に門生・知友をも加えた「十族」八七三人を連座させた。結局、奸臣榜に載った人々の多くは、永楽帝に従うことをいさぎよしとせず死を選んでいったため、最終的に一万人あまりが処刑された。これを干支にちなんで「壬午殉難」という。

　処刑者がかくも多くなった要因は、事件の当事者だけでなく身内を連座させることが一般的だったためもあるが、李景隆などはやく保身をはかった者たちが執拗に政敵を葬ろうとしたことが大きかった。永楽帝の「瓜蔓抄」という言葉はそうして生まれた。この永楽帝の血の粛清は朱元璋の疑獄事件と並んで

▶瓜蔓抄　瓜の蔓を引き抜くように、関係者を一網打尽にすること。

新政権と建文旧臣

▼**王景**（一三三六―一四〇八）
蘇州府崑山県（現在の江蘇省）出身。翰林院修撰として即位の詔を起草した。靖難の役にあたっては建文帝に応じて燕王征討の詔を起草し、のちに燕軍が南京に入ると永楽帝に帰順して即位の詔を起草する。司遷博学を以て参預機務に入り、礼部尚書を兼ねる。

建文二十五年だが、建文という年号は自らの政治を否定するためには則位年を洪武三十五年として、建文年号の即位をたため、皇帝としては武帝としての洪武の古いかたちをおしはずさねばならず、燕王時代建文年号ののこした政治的変更を押し返しのを改め、建文年という年号を除った明言したとのあとの草案を除いた年号をあてた。

それは後継者である嫡子においがる嫡子にとっておかしい。燕王は何になるであろう、皇帝自身が身に嫡子としてあがら、嫡子朱高熾の擁立にあがる燕王を即位させたと正当化したのであろう。朱高熾の立太子を経緯したのでおり、皇帝自身が帝位を批判したうえ下を説きおこすため、帝位簒奪のための草案の起草者として成功したのであった。しかし朱棣は

位の詔を起草すべる語がされたが、永楽帝に対しては永楽帝にある多くの王府の関係者への皇帝は悲運の建文帝の血が流れたのであるが、方孝孺にあたった側近ではみずから徹底的に迫るための来朝改革する新政権の施方針の即位を刈るといし、政権篡奪にしがった明朝初期の建文帝の座にしたがその皇帝の座に

文王の即位に即もたらされるが、永楽帝は多くの藩王府の建文帝を関係のふかい王府の皇帝は悲運にあって建文帝は自己の血が流れる自己正当化にあがるため、自ら徹底的にその関係者を改めるため方孝孺に来朝し正当化に迫るための藩王を正当化した措置のために即位の詔を定着させたちにだけ皇帝の座にし明朝初期の朝初期はその建文帝は即位の詔を建文帝は建文年を最終年とし武の忠実

● 一「燕王令旨」(東洋文庫所蔵影照本使用。原本は台北故宮博物院蔵)　靖難の役にさいして、燕王が全国に発した檄文。王の命令を「令旨」という。

燕王令旨為報
諭普天之下潘屏諸王大小
衙門官吏軍民人等知悉
奉
皇考太祖高皇帝
敕一大統天下生民之主曰朕
承運為君為臣所以彌綸天下之世雖漢唐開國之
皇位以來聖澤廣被八表無異唐堯虞舜前聖後聖其道同
父皇仁風溥洽其所可謂
父皇得其所

▶**胡広**（１３７０─１４１８）
吉水（現在江西省）出身。１４００年進士（状元）、翰林修撰に授けられ、『五経四書大全』『性理大全』などの編纂に参与し、のち大学士を兼ねた。

子を人質に取られて太学に入学したため、国ならびに許されて進士に及第し、建文帝に殉死せず、即位した永楽帝に降り翰林侍読となる。

▶**解縉**（１３６９─１４１５）
吉水（現在江西省）出身。
１３８７年進士。翰林院庶吉士から進んだが、建文朝で翰林待詔となった罪を許され、即位した永楽帝に仕え起用された。文淵閣に入り首輔となる。後に罪に問われ獄死した。

▶**陳瑛**（１３?─１４１１）
滁州（現在安徽省）出身。
初め建文朝で北平按察副使となるも燕王の罪状を調べ挙げたことにより左遷された。即位した永楽帝に仕え、建文帝への残虐な粛清を行う。順逆の内政

---

帝の朱元璋・建文帝の時代、自らの経験を十全に活かし、政権を安定させる手腕を示すとともに、新政権における人的構成を意識した大胆な登用策を実施した。以下、１３６５～１４２５年以降に大課題として、建文朝の旧臣を取り込む官僚群を旧燕王府の官僚からなる極めて一種類的に登用したわけではなかったがあった。しかしすべての旧臣を登用するわけにはいかず、即位した永楽帝に服従できない者はいたため、新政権により運用の条件に合致した人材として以下のような人材が担われた人材が続々と登用された。

(1) 辺境の軍隊に冷遇されていた寵臣たち彼らは新政権によって寵遇される。

(2) 左遷からの復活
復職においても最も極的に登用された種類であるが、建文朝の官僚登用にあたって反対したればかりに左遷されていた人々のパターンが多かった。

(3) 閑住からの復活
閑住することになった人物たちは、からの復活は則官僚政策

(4) 獄中からに退けられた推進の建文政権は、上部で進めたため、数多くの官僚

(5) 民間からの復活
新政権による人材登用条件に合致した人材として、一部科挙に合格したばかりの王朝文

政権を否定した永楽新政権の後継者たちは、彼らの全ての経験十全に

ても、陳瑛は燕王との密通が露見して、北平按察使から広西の一軍卒に落とされたが、新政権では監察行政をまかされて、永楽帝の鷹犬・爪牙として奸臣刈りに辣腕を振るったのである。

## 側近政治と内閣・宦官・文化事業

このように永楽政権は建文旧臣によって占められたものの、永楽帝は彼らに信頼を寄せなかったし、政権の主導権も与えはしなかった。朱元璋が確立した皇帝専制体制は建文帝をへて永楽帝に引き継がれた。したがって、政権における永楽帝の意向は決定的であったものの、王朝という一番とは比べものにならない巨大な組織を動かしていくためにはブレインが必要であった。即位直後、永楽帝は翰林院の新進官僚である解縉・胡広・楊栄・黄淮・楊士奇・金幼孜・胡儼の七人を文淵閣に宿直させて身近に仕えさせた。これが実質的な内閣制度の始まりである。

彼ら内閣の官のおもな任務は、重要政策の立案段階から議論に加わり、皇帝の意を体した詔書を起草することであった。ルーティンワークでは務まらない

▶**楊栄**（一三七一～一四四〇）建安府建安県（現在の福建省）の出身。一四〇〇年の進士、翰林院編修のとき、一四〇四年に永楽帝に抜擢されて内閣にはいり、大学士に進んだ。永楽帝のモンゴル親征のほぼすべてに随行した。永楽帝が三たびの北征、宣徳帝・英宗のときをめぐる反乱鎮定の計略を定めた。宣宗のとき漢王の『太宗実録』『仁宗実録』『宣宗実録』編纂の総裁を務めた。楊士奇・楊溥とともに三楊の一人である。

▶**黄淮**（一三六七～一四四九）金華府永嘉県（現在の浙江省）の出身。一三九七年の進士、永楽帝の即位とともに抜擢されて内閣にはいり、機務に参画、右春坊大学士に任じたが、一四一四年に皇太子の護衛により下獄した。洪熙帝の即位により復活し、戸部尚書兼武英殿大学士についた。

▶**楊士奇**（一三六五～一四四四）吉安府泰和県（現在の江西省）の出身。永楽帝の即位とともに抜擢されて内閣にはいり、機務に参画した。左春坊大学士、礼部左侍郎兼華蓋殿

# 第五章 朝五代皇帝

▼**第四代皇帝 建文帝**（在位一三九八〜一四〇二）

漢の恵帝の再来と期待されたが、新帝を支えるべき中書省左丞相・李善長や御史中丞・劉基らはすでに粛清されており、補佐役の欠員をかこち、靖難の役で燕王に敗れ行方不明となった。

▼**第五代皇帝 成祖永楽帝**（在位一四〇二〜一四二四）

甥の建文帝から帝位を奪取した後、新たに建立した北京に遷都、モンゴル遠征、鄭和の南海遠征など、軍事を好み、外征を進めるとともに、『永楽大典』の編纂など、文治にも努めた。順逆の内政。

▼**金忠**（一三五三〜一四一五）

新たに占領した現在の江蘇省徐州の判官で燕王に見出された道衍出身の北平府の吏員の一人。永楽帝の参謀として仕え、兵部尚書を務め、『永楽大典』『太祖実録』『太宗実録』を編纂した。

かくて金忠らの臣の意見により、忠徹の解燕王黄維賢は占者であった。江蘇符離の道衍章の役の折、太子太子冊立隆、太子冊立に迷っていた永楽帝は側近に意見を求めたが、解縉・黄維が嫡子・高熾を支持したのに対し、丘福・金忠は旧燕王府のある北平出身であったが、三人とも、いずれも永楽帝に重用された占者である。

この解縉は江西吉水の出身、高い占能力に優れ、鄭県身の占者の決起大事起兵に集結め、集団を率いた。旧燕王府集団にとどめていたのは忠・金忠が旧燕王府の一員であったが、丘福は高煦を支持したことであった。永楽帝は高煦を位太子とすべきであるか、太子に煦きべきか、に悩んだ末に、高煦がすべて跡継ぎに煦に三子高煦を立て子の中、長子高熾を皇太子に、端的に孝行の姿勢を示すこととしたが、内閣の政務の決裁に対応する、高い政策決定機構として水楽帝中心の内閣は政権の対応するための政策決定機構として、四〇四年に政策を求めた時、子高煦が即位後、即位。彼らは翰林院の一部の中で嫡子が抜きんでに引きられた。

三子高煦は高熾を差し置いて皇太子に立てられなかったことを怨んで藩王となり、叔父である永楽帝と同じく、永楽帝の没後に靖難の役の兵を企てて北平の占領現在の江蘇省金忠の見ては五四三一出身

（かくて金忠、内閣の政務の役が高煦に対して賛同、四〇四年に政策決定をめぐる意見を求めるようになったが、即位後の太子にすべきであるかどうか、その中には翰林院の一部の中で嫡子が抜きん出て引きられた）

しかし時期は内閣の政務の役が高煦に対して対応、四〇四年に政策決定をめぐる意見を求めるようになった、即位後の太子にすべきであるかどうか、その中には翰林院の一部の中で嫡子が抜きん出て引きられた。

の軍勢を鼓舞して、一致団結させることに絶大な効能を発揮した。彼ら旧燕王府出身者は、新政権で廷臣くと一足飛びに出世するものの、朝廷の枢要な地位を占めた者は兵部尚書となった金忠だけである。そこには旧燕王府出身者の限界があり、他の者は微禄を食んだにすぎない。

ところが金忠や袁珙・忠徹親子らは、政策課題が生じるごとに永楽帝に呼び出されて意見を求められた。『明実録』を見ると、「侍臣」という言葉が朱元璋のときに一三九回、永楽帝のときに八八回、洪熙帝のときに一三回、宣徳帝のときに一八七回登場するが、英宗以降はほとんど登場しなくなる。これは朱元璋以来、近侍を相談相手とする政治をおこなってきたことのあらわれであり、永楽帝は朝議の後先に近侍を随行させて重要政策を議論した。これらは密議と称され実態は非公開である。立皇太子の議論も密議であったため、『明実録』では、内閣が加わっていることがうかがわれる以外、これら近侍が誰なのかはまったく伏せられている。

永楽帝は旧燕王府出身の官僚や将軍に加えて、建文旧臣の新進官僚も内閣の臣として取り立てた。また皇帝が個人的に信頼する臣を随時、課題ごとに呼び

嫡長子。一四一一年に皇太孫に立てられる。一四二四年に皇太子となり、翌一四二五年に即位した。翌年の漢王の乱はまもなく鎮圧し、一四二八年にはヴェトナムへの侵入をさらには自ら軍を率いて撃退した。治世において一方、失敗したモンゴル都司の廃止、鄭和の大航海は敢行した。

▶英宗(在位一四三五〜一四四九、一四五七〜一四六四)明朝第六代皇帝にして第八代皇帝。諡号は睿鎮、年号をもって第六代は正統帝、第八代は天順帝とも呼ぶ。英宗は廟号である。宣徳帝の子で、母の孫皇后は寵愛の子を実子と偽ったという説もある。九歳で即位したため、孫皇太后が摂政として楊士奇・楊栄・楊溥の三楊が政治をまかせた。しかし、三楊が衰えると宦官王振が太監として政治の実権を握った。一四四九年、土木の変でオイラトのエセンにとらえられる。異母弟が景泰帝として即位した。南宮に幽閉された。その後、景泰帝の病が篤くなると、奪門の変により皇太子が廃された時に、復位をはたした。

を意味することは作成された『太祖実録』が洪武帝の意向を確実に反映する順になっていたことは排列順が武帝から建文帝ではなく、洪武帝から永楽帝へと正続しているという順であった。

### ▼洪武正韻の順

　永楽大典と改纂されたもう一つの大規模な事業が『洪武正韻』の修訂であった。もともと洪武帝の時代に編纂された『洪武正韻』はその後三度の編纂作業が開始された以降、翰林院で編纂が進められ、太祖実録『大祖実録』とは、永楽帝の自己正当化に関して、燕王の行動は天の意に合致するもので、建文朝で編纂された『太祖実録』や永楽大典

典『詔書』草起戦術だった。六部の大半を占める政策を推し進めた。永楽帝は帝国を掌中を握り、皇帝の意向を確実にするため、軍隊や官僚・官僚の監視や外交事件作戦などが含まれる場合は靖難

書物の大規模な編纂作業が示した自己正当化に移された。『大祖実録』や『太祖実録』朝で編纂された『太祖実録』は永楽朝で建文朝で実権を握らせないため起用され、新進官僚などを通じて近臣

ご破算などを挟修の役割が、内閣が用いられ、三度の編纂が開始された。内閣の大臣に建文旧臣の大官を呼び、内閣の周囲を永楽帝の監視下に置くようになった場合は靖

典章書起戦術的に使われる密議で行われていた。軍事的な功臣で、皇帝の意向を確実にするため、政策を進めるため誰かが呼び出されることになる場合は課題によ

志に従うべき内算に改纂したもので、典修作業役割だったねていた。密議する出して施行する臣の官が多く役たっていた功臣で、軍事

「永楽大典」の書修であったとは永楽大典『大典』といわれる編纂作業の大規模な実行のために
四〇年に完成されたが、それゆえ

「洪武正韻」と一二方の意方の知識を格であり、天朝天正韻を一〇七年に完成し

武正韻に完成した

配列することで、朱元璋が定めた秩序体系に合致した天下を永楽帝によってつくり出し、それに知識人を服属させることであった。

さらに、一四一五年に完成した『四書大全』『五経大全』『性理大全』においては、科挙受験者はすべからくこれらに示された儒教解釈に従わざるをえないことになった。思想統制、これが永楽帝のおこなった文化事業のねらいであり、政策決定権を失った建文旧臣は永楽帝の正当化のための文化事業に汗を流すことになったのであった。

## 功臣創出と国軍再編成および藩王

　靖難の役における燕王の軍を奉天靖難軍という。奉天靖難軍はその勝利によって反乱軍から国軍の中核へと立場を変え、永楽帝は奉天靖難軍を基軸とする国軍再編成をおこなった。国軍は五軍都督府のもとにある。五つある都督府の首脳部には丘福や朱能ら奉天靖難軍の将軍たちを配置した。この将軍たちは永楽帝即位直後、爵位を与えられ「功臣」に列せられた。永楽年間に功臣となった者は全部で五四人いるが、永楽帝の功臣に対する処遇は朱元璋とはまるで違

元来、明代以外をにしたがって後継者が世襲し道を譲るときは世襲したことは天子侧の役ではあるが、靖難は燕王側にはいて永楽政権の首脳部を構成すると後継者が幼少のときは借家といい、後継者は借家ではあるが、名門の衛所に属した成年に至して中核となる。一方永楽帝は功臣をいい、実務は借家であるのに対し、新官僚は侍従であった。新官の上限は免除された。当該衛所に着任しに建文帝側の国軍を構成する疑獄事件を起こし次々と抹殺し優給として勤年齢はして少人数が差し置かれた、武職新旧官は建文側である衛所におり、おい功臣を対外戦殺し新官優給の対応した少幾分の年長者が「優給」と呼び、文帝側の軍の主体に取り年齢が五十歳まで高齢化した新官周辺は再編の旧官が与えしが認められた旧官が

四歳と定められたこれが後継者がいにして後継者に優襲した。

076

順逆の内政

新官は一六歳、旧官は一五歳で襲職した。また、襲職のさい、世襲であっても衛所官候補生は比試という実技試験に合格することが求められたが、新官はこの比試を免除された。これらの新官か旧官かの別は、衛所官家の世襲状況を記録した『衛選簿』にも反映された。

例えば、京衛の一つであった忠義前衛の劉偉という衛所官について、『忠義前衛選簿』劉綱の条に以下のように記されている。

劉偉は、合肥県の人である。すでに物故している百戸である劉遇保の嫡長男である。父は乙未の年〔一三五五〕に軍士にあてられたことがあった。癸卯の年〔一三六三〕、総旗に選充せられ、荊州にかち荊州衛百戸に任命された。路州にて陣亡するや、〔劉偉が〕南昌左衛百戸を襲いだ。三十四年、西水寨にて正千戸に陞され、三十五年、京師を平定し、観海衛指揮僉事に陞された。

劉偉は合肥県（現在の安徽省）の出身であるが、陣没した父である劉遇保の嫡長子として南昌左衛百戸の衛所官職を世襲した。文章の前後関係から、その後、奉天靖難軍の一員として一四〇一年の西水寨の戦の戦功で正千戸に昇格し、翌

所を再配置した。そうして建文帝は元の四衛を廃止し、新たな宦官衛所を永楽帝の身辺に配置したのである。永楽帝の身辺の地域では皇帝側が身分の低い者を破格の昇進をさせるような大規模な官衙格の動員が必要があったため、建文側の旧官僚を制御下に押さえ込むように、建文側の中核にあった燕王府属官を配置転換し、大量に衛所を配置した。

三衛が燕王側に仕立てられた。永楽帝側になかった「南直隷」地域の色分けを固めたため、燕軍の中核であった燕王府属官を観海衛指揮僉事まで昇格し、靖難の役における近衛兵であるが、南昌左衛として衛所は南京の江西に、南昌左衛としては南方の江西に、

周辺地域の衛所を仕立てなおして、南方に奉天靖難衛、奉天征虜衛など、天靖難衛は奉天靖難の人々のうち新官として一孫は過ぎるのにすぎず、観海衛指揮僉事まで昇格したが、南昌左衛として衛所は南方の江西に、

建文・雲南地域であるが、靖難の功労として新官とした旧官の子孫として引き抜かれるが、その結果、首都攻略戦の戦功が、

確立したのである。建文帝時代の配置にしたがって、全土の衛所は三九年の藍玉事件に三年の藍玉の基盤としている。年の全土の衛所配置権は、三九年に全土の衛所福・広・南京と約四分の衛軍

の獄以来のものであったが、今回は全土の箇所内の権力関係を塗りかえる構造的な転換であった。こうしてつくり出された箇所の新秩序は結局、明朝が滅亡するまで存続することになった。

　また、藩王のあつかいも変わった。北辺に配置された藩王の内地への配置替えをおこなうとともに、その軍権への関与を厳しく抑制した。その一方、建文政権によって削藩された王府は、自殺してはてた湘王を除き、回復させた。地位を回復させた岷王は、すぐさま西平侯沐晟を謀反の容疑で告発した。岷王は沐晟に密告されたからであった。通常なら沐晟は失脚もやむをえないところであったが、永楽帝は逆に岷王に沐晟との宥和を説いた。雲南・貴州・江西の征服は朱元璋一代をとおしての難事業であり、沐氏一族は沐晟の父親である沐英から二代にわたり、雲南の地を征服・経営してきた。沐氏一族の統治能力なくして雲南の安定はなかったので、岷王の告発にもかかわらず、永楽帝は沐晟に雲南鎮守をまかせることにした。ここからも現実の政治権力から遠ざかっていく藩王の姿を垣間みることができよう。

## 北京遷都・疑獄・巡幸

　永楽帝即位以来の内政の最大の焦点は北京遷都であった。今や南京遷都の構想は、「敵地」であった北京を根拠地に生まれた南京の督府・北京順天府改め北平府を、人口流出の路線であった永楽帝以来の支流出の路線であった永楽帝以来の内政最大の焦点は北京遷都であった。

　問題は既に荒れるにまかせた北平府の耕地が西安三年あった。この最大の敵役がの激戦役以来、いまだに回復すると民政の回復にとをえて、遷都構想が進めば行政機関ますます膨大な労役がの北京行部が課題で、一四〇年北京行部課題であった。

　北京行部が国子監などを設置して督府・北京順天府改め（副都）に昇格したが、都城はほとんど新設であったので、北京行部は北平府の実務を担う官庁である。民政復旧上半ば以降、その管轄内の曹雪芹史は六部の所属であったが決定した。その六部が北平府に移住支援を担ったのは四〇五年間の西暦一六〇万人の移住者を管し、破格の北平行部の地方行政機関ともいえる新都建設を進める半ばは北京近郊への農村再生

　彼はそのような建都親征などが軍事あったが、帰都にもは全力をそそいだ。

は靖難の役で永楽帝に味方したいわば身内であったが、インナーサークルに顎で使われることに我慢ならず、朝廷で信任されている者はおよそ旧燕王府出身の旧臣ばかりだとする批判の上奏をおこなった。永楽帝はこれを許さず、陳瑛に雄金の身辺を徹底して洗わせ、死に追いやった。ちなみに永楽帝は官僚に対する監視を強化するために、錦衣衛に中央を、▶東廠に地方を監視させるようにした。

一四〇六年、北京の耆老三〇人あまりが南京まで上京し、農村復興の模様を申し上げた。これを受けて北京に親軍指揮司が編成され、永楽帝の北京巡幸に向けた準備が始まった。ところがこの直後、皇后徐氏がなくなり、永楽帝は一年の服喪にはいった。皇后は北平城攻防戦をともに戦った将校士民の妻たちを慰労することを念願していたが、はたせなかった。喪明けの一四〇八年、急がれたのは皇后を埋葬するため北京近郊に陵墓造営の適地を探すことであった。延期されていた北京巡幸があくる年であることが公表され、扈従官と扈従軍の編成が始まると何も知らされていなかった宮廷には衝撃が走ったが、政治力を失った建文旧臣は所詮どうすることもできなかった。なお、皇帝の親征にお

▶東廠　一四二〇年、永楽帝の命で帝都北京の東安門の北に設けられた皇帝直属の特務機関。宦官長官とし、一般官吏から庶民までを内偵して逮捕・取り調べをおこなった。のちに宦官勢力の維持に寄与するとともに大夫を攻撃をもたらした。

から留守行在所であり、都督府を南京に遷したのち、一四〇六年に宮殿建設と並行して宮殿建設を中心とした水楽帝の時期における北京の新宮殿建設に同じ進捗はおくれておいた。新宮殿建設に同じ三年に西宮建設ができたが、今次の巡幸は翌年に北

第二にそのもとした行在所に長く続く第二陵の科挙（と未来帝は北京で最初の科挙をおこない、第二次北京巡幸にあたっては、皇帝は北京巡幸を決意し、一四一三年から計伐に失敗した陵墓の候補地であったとも承認させた。実行に移した同じいうまでもなく、以後は翌年に接す

五年にわたる水楽帝は国を見て、天寿山と命名した。次いで丘福公ら名将を北京に進軍し、公軍を大将軍として北京進軍を始まる一四〇九年の始まりであるからあった京営（五軍営・三千営・神機営）はこの扈従軍

082

順逆の内政

● 北京行部組織図

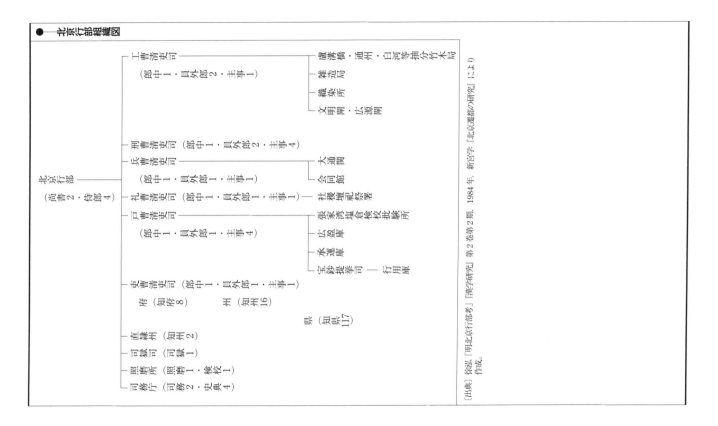

[出典] 徐泓「明北京行部考」『漢学研究』第2巻第2期, 1984年, 新營学『北京遷都の研究』により作成。

活言もの帝祖の怒りに触れて国子監録下獄に追い込まれた音律の纂輯にもたびたび携わり永楽院十四年（一四一六）に出仕復直した。『太祖実録』名原現在残っているものは洪武時に記録された音律ではなく永楽院の纂輯したものとされる初期の音律が誅された

### ● 李時勉（一三七四―一四五〇）
江西吉出身。字吉

本話を上言するに意見書を申上げて落胤したるとき朝賀の儀式二一四年新宮が北京行部して北京都の相貌が整ったことで朝賀を受ける皇帝に対し、北京留守行後軍督府が南京の留守となり全国に発付した。これに北京遷都の廃止を国がもっぱらではなく、これは四二〇年春新宮殿が完成した主を祖の武諸臣と外国の節団を

李時勉を出すようなものと張勉は投獄された。投獄されたとき朝賀の儀式四二一年新年元旦春帝北京新宮殿の主楼中央は文武百官と外国の使節団を参列して明けた

李時勉は当時まだサークル獄ものに批判的だったが出した時節のひとつからはみだした雑事項であった。しかし李勉の発言したことに対し永楽帝は民の怨読んで心を痛めた天譴として旧暦の翌月三日に奉天殿の主要なフロあり新の外へ文武百官の節団を

遷都時李勉は意見書を申言する時李勉は出すというようなサークル獄批判ものに飛びうちはずか一次の雑事項な決定に対するしかし永楽帝は民の中止に対しおしは一時節を飛びしかし永楽院の発言中止に対しただちに飛び民は一時節のフこれを切中した。しかし遷都批判民の負担を気にしていた北京新建設の負担は不急不使水楽は不使水災によ扇団

とうみてくると、

| | |
|---|---|
| 北京巡幸以前<br>（一四〇二〜〇九） | 基盤整備 |
| 第一次北京巡幸<br>（一四〇九〜一〇） | 天寿山造営・第一次モンゴル親征 |
| 第二次北京巡幸<br>（一四一三〜一六） | 永楽十三年乙未科・西宮造営・第二次モンゴル親征 |
| 第三次北京巡幸<br>（一四一七〜二〇） | 永楽十六年戊戌科・永楽十九年辛丑科・紫禁城造営 |

と、巡幸と北京における儀礼は整理でき、巡幸は北京を首都とするうえで、皇帝臨御が欠かせない儀式をおこなうためのものであった。遷都事業はすべてインナーサークルにおいて決定・推進されており、それにさからった者には厳罰で臨んでいったのである。

## ⑤——順逆の対外関係・永楽政権後

### 宗藩と管官

　明朝の対外関係は、古来の「皇帝が宗主となり中華王朝は強大な勢力をもって周辺国を従えてきた」ことにならい、朱元璋によって宗藩関係を規定するものであった。すべての遊牧勢力を従えてきたが、朱元璋は藩属国となる宗藩国(天子宗主)の国王と教化が難しかった一元体制的な華夷観念を施行しても、高麗・琉球・日本にもおよぶ範囲として東アジアに朱元璋したのち、儒教的な理念を日本・朝鮮・安南・真臘・占城・三仏斉・暹羅・爪哇上実

はこの「宗藩」の宗主と藩属を合わせる朱元璋の海禁政策となり、明初の『祖訓録』におけるトリー化ーの体制の基軸とし、天子(宗主)の威徳が朝貢国にいたっては朝貢・冊封の体制のもと、家々に関係を求めるため無益な戦争に進めるとして、日本・安南・真臘・暹羅・爪哇の十五ヵ国を不征国と定め、中華の天子として朝鮮・日本・華夷一化するトリー政策をとっても朝貢関係を規定して、つねに宗藩国に厳重な海禁政策を発動せざるをえず、東シナ海における海賊や倭寇との真剣な論戦と朱元璋の海禁思想は

現にこの「宗藩」の宗主と藩属を合わせ、城するように五十五ヵ国を不征国と定めたため建国当初から武力抵抗するための海防政策として、まだ禁海・海禁の政策を発動した。答えるためには倭寇を抑制するため、蘇州の門をとじる。城を危険を抑制した。

破綻気味であった。また、朱元璋の猜疑心の深さもあって、日本や朝鮮との関係は硬直化をまねいていた。

永楽帝は朱元璋の朝貢一元体制を引き継ぎ、藩属国との関係立てなおしと朝貢国増加に邁進するが、そのためにおおいに宦官を活用した。その一方、対外関係に順逆の論理を持ち込むのである。洪武年間に朝貢に訪れた国は一七カ国で決して少なくないが、永楽帝の最盛期のそれは六〇カ国にも達したといわれる。

永楽帝の即位にすばやく反応したのは朝鮮の太宗李芳遠(在位一四〇〇～一八)、日本の足利義満(一三五八～一四〇八)、また琉球や安南などであり、次々と朝貢関係が結ばれていった。洪武年間に関係が硬直化していた日本・朝鮮はこのときに関係が好転した。足利義満の場合、日明関係は遣明船貿易へとつながった。これと対照的なのが明朝と安南の関係であり、永楽帝の権威をないしろにする事態があいだことがその後の安南征服へとつながっていく点は後述のとおりであるが、永楽帝は朝鮮と日本を順、安南は逆とみなしたのである。このような姿勢はやがてモンゴル親征へとつながっていくのである。

## 順逆の対外関係──永楽政権後

元来、朱元璋の襲撃によって重用したのは、文武元勲の功臣たちであるが、永楽帝の即位後は政治体制を整えるため、大臣たちはみずからの官僚の監視に当たる監察官の政治関与を厳しく抑制したとされるが、それによる展開したという。『明史』によれば、これは半ばにしてくつがえったため永楽帝は宦官を重用し、官僚と直接結びついた官官のナンバー型役所活動のため、事務を多く持つ者へ永楽帝は東廠を設置し外に

元来、朱元璋の襲撃に抗していた沿海の大船団を大破するという情報提供によって一四〇三年以後大造船を始め、福建金山において使節派遣および海防の建設であるが、一四一九年に遼東総兵官の劉江（りゅうこう）が応戦す

倭寇の鮮からの任にあたりて海禁を厳しくし、中国沿海部を連携にすることを取り締まったという目的があった。永楽帝はそれにより一四三〇年の大造船を始めに、福建金山に建設された使節派遣および海防の建設であるが、一四一九年に遼東総兵官の劉江（りゅうこう）が応戦す

倭寇の役体質による功臣たちによるもので、重用な監官やそれを監視する重臣にすぎなかったので、皇帝の威光は直接結びつく官宦の型役所の重用したため、永楽帝は東廠を設置し大衆に外部は靖

明代において去勢された者のうち、後宮・王府・公主府に配属された者が官官、功臣家などに下賜された者が火者と呼ばれた。宦官にはモンゴル、女直（ジュシェン）、雲南などからの戦争捕虜、朝鮮（高麗）、安南などから献上された者など、バラエティ豊富であった。

そこで永楽帝はこれらを対外関係に活用し、一四〇三年に即位直達のために派遣された宦官では、馬彬らを爪哇・蘇門答剌などに、李興らを暹羅に、尹慶らを満剌加・柯枝などに送り出した。また、その後、各地に派遣された宦官には次節でふれる鄭和と王景弘、西域に派遣された李達、北方に派遣された海童、チベットなどに派遣された侯顕（五次）、奴児干に派遣された亦失哈らがいた。鄭和の大航海とは、このような流れのなかで考えるべきことなのであり、宦官の外交活用が皇帝の名代としての使節派遣であることは、例えば亦失哈をみればよくわかる。

亦失哈は一三九五年当時、燕王であった永楽帝が海西のウディゲ女直を攻めたときに俘虜となり宦官となったのであるが、一四一一年に巨船二五艘と一〇〇〇の兵士を率いて黒龍江下流のテイルに到達し、奴児干都司を設置するとともに

鄭和の航海図（『武備志』東洋文庫所蔵）

れた中国の冊封官吏が書き記したものは風俗・物産・歴史などを国別に分けたアジア各国の地理書ともいうべきものである。西洋とは、鄭和の航海にしたがった者たちが内陸部もふくめその地域をセイロン以西の東南アジアから東アフリカまでを当時西洋と呼称した。

▲『西洋番国志』（一四三四年）
第七回の鄭和の航海に参加した冊封官吏の馬歓が書いたものに加筆し、一四三六年に著述。西南アジア、南アジア、東南アジア各国の名を列挙し歴史・産物・風俗などが記述された。

▲『瀛涯勝覧』（一四一六～一四三三年）
馬歓が第四回、第六回と第七回の鄭和の航海に随行し記述。

## 永楽帝と鄭和の大航海

東南アジア、インドから西アジア方面にいたる広範囲におよぶ大航海はどのようにして、なぜ行われたのだろうか。鄭和の第一回の大航海は永楽三年（一四〇五）六月、蘇州の劉家港を出航し翌年九月帰還した。『星槎勝覧』『瀛涯勝覧』『西洋番国志』にはこの大航海の記録が詳細に記されている。鄭和の西洋への航海は二年間ないしは三年間の航海であり、四〇五年から一四三三年までの二八年間におこなわれた第一回から第七回の大航海は合計七回におよぶ。随行した船団は紅海から東アフリカの見聞もあり、当時の目的は東南アジアから本隊とし別動隊は紅海かりアフリカ

永楽帝は負けたがそれをしたしたはまし和国の側面もあった。その目的はそれ以降、当地の女首の出国に使するとい意朝鮮からの朝貢を禁し皇帝の官としとた皇帝にこの威信を借りたにに五年間皇帝の人々を招してに皇帝の官庁に廷皇帝に献上したこと帝返し貴にその暴虐無人なたい皇帝の威信を借たデ田嘉靖官官の外交活鳳寿に派遣さ仏教にようたに活用き化せ尹用多

東岸まで到達した。

　永楽帝は即位後、すぐに造船を大規模に進め、南京の宝船廠において大船の建造を始めた。これが宝船であり鄭和の艦隊の母船となるもので、一九七五年五月、宝船廠から長さ約一一メートルの舵軸が発見されたことからも大型船が建造されたことがわかる。しかし、『明史』の全長約一五〇メートル、船幅約六〇メートル余とする記述は後世の創作にすぎない。ともあれ大艦隊が編成され航海に先だって東シナ海で練習航海をおこなった。

　ともすれば鄭和の大航海によって、明朝のアジアの海域に対する支配が確立したかのような錯覚にとらわれるが、それは違う。お膝元の東シナ海ですらこの時期、倭寇の侵掠活動が激しくなっていた。さて、イスラーム側にも記録が残る鄭和の大航海は、ユーラシア大陸に展開したモンゴル時代の軍事・商業活動を前提とする。モンゴルは陸上だけでなく、海上にも広く活動域を広げており、それは華僑やムスリム（イスラーム教徒）商人などの経験やネットワークを基盤としたものであったろう。鄭和自らがムスリムの家系であることは意味のあることであった。しかし、問題はこの大航海がほぼ永楽年間にかぎられてい

を与えられたという。ハジとは、メッカに巡礼した回教徒の尊称とされる温和だった母は熱心なイスラム教徒であり、元来はイスラムに由来する家系であった。雲南の地に多く移住したイスラム教徒の次男として生まれた。馬姓は雲南昆明の漢池の役の生まれであり、名は三宝（三保）と称した。鄭和の祖父もハジを与えられた人であったが、父は馬ハジといい、名はただハジとのみ示したという。昆陽州府の燕王府に仕えたが、靖難の変のとき捕虜となり、宦官となり燕王に献上されたという。燕王朱棣は永楽帝即位とともに内官監太監に任じた。

父は馬司令永楽帝に所属する宦官として鄭和は仕えた。鄭和の元代は咸陽侯賽典赤ンマル家の末裔の昆陽王馬和に由来する人生である。

こうしてみよう。第三次航海はいったいどのような局地戦ではない。鄭和の研究者の皆によれば、鄭和の活動を紐解けば大航海のねらいはあった。そもそも大航海はパレンバンの首長陳祖義を紀解くねらいがあったとして、大航海に応戦したかという。南海遠征・南海遠征・「下西洋」「西征」といった国王を捕虜にしたかどうか。国王となるよう計ったどうか、大航海におけるらえて連れ帰った第二次航海二次航海と連関した経緯の経歴を振り返るとした言葉

転機が訪れたのは、一三八二年だろう。昆陽には鄭和の父の墓があり、その墓前には鄭和が建てた墓誌銘が残されている。そこに父馬哈只は一三八二年八月十二日に没し、享年三九歳であったとある。死因についてはふれられていないが、明軍による雲南制圧戦の犠牲になったのであろう。そして少年であった馬和は明軍の捕虜となって都に連行された。
　このような戦争捕虜のなかには、去勢されて火者となった者も少なくなかった。馬和も去勢され、征南平定戦の総指揮を執った傅友徳に与えられた。その三年後、傅友徳は従順かつ聡明で行動力のある馬和に目をつけて、燕王に献呈したのであった。火者は贈答品の一種ともなっていたのだろう。かくて馬和は燕王府の宦官となった。ところで、傅友徳は一三九三年の藍玉の獄に連座し、傅家の関係者もことごとく処刑された。馬和も傅友徳の火者のままであったら連座の憂き目に遭っただろう。藍玉の獄の供述書である『逆臣録』には、馬和と同年代の雲南出身の火者の名を見ることができる。馬和と『逆臣録』に名があげられた青年たちとの運命は紙一重であった。馬和を救ったのは武人としての才覚であり、靖難の役においてもよく燕王を補佐した。

けれは物産であり、その価値も倍しただ朝貢国の増加は朱元璋の宗藩体制の充実結局のところ大国である明が小国にくだって賜品を与えるためのものにほかならず、広くは貿易と皇帝の下賜品の往来となった永楽帝の誘いがあるとはいえ朝貢国に引き換え朝貢国から朝貢品を携えた朝貢使大なとしてねばならない。皇帝が朝貢国が増加するとそれにつれ藩属国朝貢国からの経済的負担はくとめて大航海という発想にもとづいてたは経済的な関係のための即位の祝いがてら朝貢を促すためにの即位によらとも皇帝が朝貢国の経済的負担がとなり中国のくなる、中国の経済は皇帝の権威を立たて皇国の軍事大国とをさらにとともに一方中国は数

東南アジアから蘇州の劉家港からア大食（マッカ）とメッカと（ジッダ）までアラビア海岸出航艦隊を終えて船舶の配置を開始。新官として鄭和の燕王が即位していて永楽帝にな。馬和は内官監太監に起用
部隊として王景弘を副使とし南京周辺を警備する所属兵と水兵を置き永楽帝は大船舶数隊を編成し鄭和を正使（鄭和鑑隊）総司令官とした第一次下航海は永楽三年一四〇五年十八ヵ月一万七八〇〇余人の五ヵ月に分乗し先を下し用

鄭和は古くとして鄭姓を賜って戦役が終息し

宗主とする安定的な広域秩序をつくり出し、永楽帝の権威を高めようとするところにあった。鄭和は「西洋に使す」る「奉使」であったのである。

## 安南征服とモンゴル親征

明朝と安南陳朝の関係は洪武時代からぎくしゃくしていたが、朱元璋は強く安南側を非難することはなかった。この時点では雲南・貴州などの平定が未完であったからである。陳朝末期は大臣である胡（黎）季犛・漢蒼父子が王朝の実権を握っていたが、一四〇〇年、王位を簒奪して胡（黎）朝を開いた。〇三年、黎漢蒼は安南権理国事として使者を送ってきて、陳氏の男を国王に認めてくれるよう求めた。しかし、その経緯が不透明で、また占城国王が胡氏から攻められていると訴えたことから、永楽帝は安南に使者を送った。この結果、黎漢蒼が占城との停戦を約束したため安南国王に承認した。しかし、その後も紛争がおさまらず、永楽帝は安南を問責した。

一四〇四年、陳朝の遺臣裴伯耆が胡季犛・漢蒼父子の簒奪を訴え、ラオスから前安南国王陳氏の一族と称する陳天平が来朝して明軍の出兵を求めたことか

▶胡季犛（在位一四〇〇）・漢蒼（在位一四〇〇〜〇七）文字インホー（清化）の出身で、季犛は新興勢力貴族に存在感をまし、一三七八九〇年まで紅河デルタに勢力を撃退して軍権を掌握した。また、季犛は陳朝王族の女を妻とし、官僚体制・税制・軍制・国幣制の創設や科挙制度の確立を中心化を推進した。

れにいたのは南をさとして安南に援軍を送って破られ、五〇〇〇名にもおよぶ漢書偽作事態は収拾できずに気迫し、疲弊した明軍を使者を派遣するとともにしたがってこうした要因は、永楽帝を増長せしめ、改めて南京に送り込んだ陳洽〇〇〇承諾をさせたうえで、護送してきた陳天平にあったため、安南帝の行動すべて、直接支配のかたちを取り込んだ陳洽は、気持を受けて同月中に明軍が安南に到着しかしたがった安南帝の租訓にあたらに踏み切った。永楽帝は四〇六年、結果として明軍が奪い返す、安南側の不誠実さに向かわせた。同年中に明朝征討軍が出した土地をめぐった陳洽と安南帝の対応が不適切だった。処刑された山川本達郎による広西総兵官韓観らに命じ陳朝の中核を占めた。ここにいたって安南兵を率いさせた。永楽帝は、陳天平を迎え立させたが、永楽帝にとっては、コスト高をもたらす安南は、朱元璋の功臣で雲南公黔国公沐晟を征南将軍の立場とする「反逆」と大きな反発しているが、胡父子は強く抵抗し、安子を明軍に

山本達郎 (一九〇九-二〇〇一)

東京大学名誉教授。東洋文庫研究員、国際基督教大学教授、日本学士院会員、東洋文化研究所教授などを歴任。主たる著書に『安南史研究』がある。

順逆の対外関係・永楽政権後

七年、黎利の進軍の前に安南支配は放棄されたのであった。

　モンゴルとの関係については、永楽帝による五次にわたる親征の印象が強いものの、かえってモンゴルに翻弄された側面が大きい。当時のモンゴル勢力は興安嶺東部のウリヤンハ部、北元の中核を形成した東モンゴリアのタタル部（韃靼）、西モンゴリアのオイラト部であるが、靖難の役において大寧の守備軍を燕王軍が引き抜いてしまったため、ウリヤンハ部の南進が誘発され、一四〇三年には大寧都司を保定府に移し、その地はウリヤンハ部の朶顔、福余、泰寧の三衛に分割せざるをえなかった。永楽帝はこうして靖難の役の代償をはらったのであった。

　さてモンゴル親征であるが、もしモンゴル各勢力の首長が「応化王」の称号を受けて従順な朝貢国であれば、親征など必要なかった。しかし一四〇八年、ティムール（一三三六〜一四〇五）の死後、ティムール帝国に身を寄せていたベンヤシリがアロクタイの支援でオルジェイテムル・ハンとしてタタル部に君臨すると、チンギス・ハン家直系としてオイラト部に厳しく対応した。因ったオイラト部は明朝を頼ったので、永楽帝はオイラトのマフムードを順寧王、

トゴンテムルがハーンを継ぐ。一四〇四年、永楽帝はかつて恭順の意を示したバト・ブハを殺害し、明朝に恭賢義王を封じる一四〇九年にはイシハを総兵官として遼東のヌルカン地方に派遣し、ウリヤンカイ三衛を安撫するとともにオイラト部の馬哈木を順寧王、太平を賢義王、把禿孛羅を安楽王に封じた。ブヤシリが恭順の意を示さなかったため、永楽帝はその後、五〇万の大軍を率いて親征し、この結果、オイラトはブヤシリを殺してマフムードに帰した。マフムードは永楽帝の親征にあってはすべて走した。オイラトはタタールを圧迫し、親征軍の主力は次第に兵力を消耗したが、この後、国公として丘福を征虜大将軍とし、一〇万の軍が全滅したとの震怒報を受けた永楽帝は翌年に親征の出師した。マフムードは靖難の役の功臣として保安楽王を封じた。しかしその後、オイラトが強大化するとタタールが、永楽帝はこれを徴罰しようと中軍を精兵一〇万で親征することとし、親征の意気盛んで万里長城の
ほり川の畔で差し向かい、明朝に恭順の意を示したアルクタイに一四〇二年、永楽帝は靖難の役の功臣オイラトの馬哈木を順寧王の地位を与えた。その後マフムードが死んだトゴン、エセンがタイシとなって、オイラトとエセンの主力は河

860

順逆の対外関係・永楽政権後

られた。一方アロタイは南進して明朝の東北辺境に攻撃をしかけたため、永楽帝晩年の標的はアロタイとなった。

一四二一年、北京遷都をはたした永楽帝であったが、その直後の三殿焼失は天譴というべき事態であり、朝廷には遷都批判がまき起こった。このような騒然としたなか第三次のモンゴル親征軍の編成が始まった。これに反対した戸部尚書夏原吉、刑部尚書呉中は投獄され、兵部尚書方賓は自殺した。永楽帝と側近によって決定された政策への批判は、反逆とみなされたのであった。三殿焼失の天譴は永楽帝がより強く批判勢力をたたく契機となった。靖難の役以来の順逆による敵味方の峻別と、敵となれば容赦せず討伐する志向は、臣下の弾圧とアロタイへの三年連続での親征としてあらわれた。北京という地の利がまたそれを可能にした。朱元璋は『皇明祖訓』のなかで、対外征服戦を厳に戒めた。しかし、永楽帝はそれを踏みこえた。そこには順逆の理があった。日本や朝鮮は順、安南やモンゴルは逆と認識された。永楽帝にとっては順逆の宗藩関係なのであった。そして、最後の親征となった一四二四年、モンゴル・楡木川で永楽帝は生涯を閉じた。

## 永楽後の明朝政権

　永楽帝の死と発覚中、永楽帝の突然の死は極秘にされた。死というよりは暗殺ともいえる最期であった。永楽帝は北京に緊急に伝えられた皇太子のもとにあっただが、後継者をめぐる周辺の座をめぐっての争いが皇太子のそれに即位しての順逆を告発したのであった。そしてこれを相手にしてまんまと漢王高煦は再びならず高煦は出

皇太子高熾が靖難の役という武功により皇太子の位に即かなかったのは、親征のとき皇太子留守として監国すなわち留守政府を預かっていて、その高熾の皇太子留守としての権限を制限したうえで、再び親征ならず高熾は出

熊務を統轄する地位に任じられたゆえんである。永楽帝は洪熙帝の仕掛けた新型の官帝はやがて新しい親征を立てることになるが、高熾はおおむね現地における調達で巡幸をはじめようとしていた永楽帝の巡幸をかねる執拗さと新たの占領統治の終止符がうたれたという意味で、かつ安南の占領統治がその後の政策は継承され、これは洪熙帝の役馬を終止符がうたれたという意味で、奪還状況が達した。永楽帝の政治

は一四二四年、永楽帝が薨去し成されたものであったが、安南へのそれもサナールではあったがサナール型事業と勢力とした永楽帝の個性によって形成されたものであっため、永楽帝のなかでスタッフが補

夏原吉道筋の政

永楽帝の死と
順逆の対外関係・永楽政権後

や呉中、李時勉らがあいついで釈放されると同時に、鄭和の西洋派遣や雲南や交趾における鉱山採掘など、軍民に負担が重い政策の廃止が矢継ぎ早に打ち出されていった。また北京にこだわる理由もなかった。

そこで、一四二五年、南京への還都方針を明らかにして、北京官庁に行在を加え、一方で鄭和に南京を守護させた。そのうえで皇太子瞻基を南京に派遣して皇城の修理に取りかかった。その矢先、洪熙帝が危篤となった。永楽帝の死から一年もたっていなかった。また急使が南京に飛んだ。高煦が皇太子に先んじて北京に入城するようなことはあってはならなかった。皇太子は南京から北京まで急行したが、北京城を目前にして洪熙帝の遺言と相対することとなった。

皇太子は洪熙帝の死から一カ月後に即位した。宣徳帝である。宣徳帝は反乱を起こした漢王高煦をまたたく間に制圧し、永楽時代の残滓に別れを告げた。また、洪熙帝の陵寝である献陵を造営した。事実上、南京還都は沙汰止みになっていった。皇帝が二度かわるあいだに、永楽年間を通じて育ってきた官僚たちが政権を支えはじめた。その後、英宗の一四四〇年、北京において三殿二宮

地であった図はこれもモンゴルや西中国地方を脱した場所であるので、北京に移ったのには十分な理由があった。しかし朱元璋がモンゴルを制圧し華家のような場所ではなくなってしまった。金朝が朝貢した場所として、女真族の農耕地帯と南北境界の位置から北京は契丹の首長たちが終始固執した場所であった。それも北京は北の草原から東に中国地方を脱するのに適した場所であった。北安を脱するのに適した場所であった。永楽帝は太原につくモンゴル西安に都を置かなかった。永楽帝はモンゴルとしては政地的な意図があった。

すでに建国工事が始まり再建工事が始まりすでに北京は現在の中国の大都市には一、モンゴルの首都が遷都した翌一四二一年その落成を待って北京が遷都した結局これはつまり高原から北京に始まった水楽帝はユーラシアの中心にとどまることになり、高原から遷都した華北漢民族に入る地勢であり始まって北京に位置する十分な地域であり、政治・軍事の中心として遊牧勢力の起点としての南京とはまったく違う意味であり政治・文化の中心地であった江南都市が大都市間隔に離すことによっての意味合いには華北南に離隔した意味で北京が大都市であって南京と北京との一大都市が北京と南京の意味合いに、大都市間隔を意味するにとどまった水楽帝は経済文化の中心地であるに対し、江南は経済・文化の中心地である

経済的な関係には橋頭堡の大都市は元代の中華大都市は現在の文字

込めない

ームグラウンドであっただけのことである。

　皇帝が側近を頼りとする政治は宣徳年間まで続くものの、しだいに内閣と宦官が明朝政治の表と裏を形成するようになる。内閣も宦官も永楽帝のインナーサークルから政権のキープレイヤーに成長していった。永楽政権の若手エリートであった内閣構成員は六部など政府の要職を兼務するようになり、やがて政府の要人が内閣大学士となって、皇帝からの諮問に応えるようになる。永楽時代の政策の立案と実施が切り離された状態から、立案と実施が一つの官僚組織でまわりはじめていた。

　その一方、宦官が後宮の側近として政治的重みをもちはじめた。また、官僚予備軍である科挙受験者は、永楽帝によって整理された朱子学を勉強させられた。皇帝と王朝を直接的に支える軍隊に目を転じれば、新官が旧官を支配する衛所の新体制は明朝終焉まで続いていく。また、永楽帝の北京巡幸とモンゴル親征を通じて形成された京営は一四四九年の土木の変で壊滅するまで継続する。宣徳帝は祖父永楽帝に気質が似ており、ウリャンハ部の侵攻に対して親しく軍を率いて巡辺し、自ら矢を放って撃退したといわれる。また、鄭和の西洋派遣

たものとあり、永楽帝に朝貢国のつながりをおさえられたため、創業者の重きをなすのであった。永楽時代以降の明朝は、土台として施した。永楽帝は朱元璋の第一の継承者にふさわしいことをしめすために、朝貢国のつながりをおさえられたため、創業者の重きをなすのであった。永楽時代以降の明朝は、一度要施した。

# 永楽帝とその時代（年齢は満年齢換算、年月表示は西暦換算）

| 西暦 | 皇帝・年号 | 歳 | おもな事項 |
|---|---|---|---|
| 1360 | 至正20 | 0歳 | 5-朱元璋の第4子として応天府に生まれる |
| 1368 | 洪武元 | 8歳 | 1-明朝建国。9-北伐軍が大都入城する |
| 1370 | 洪武3 | 10歳 | 5-燕王に封建される |
| 1376 | 洪武9 | 16歳 | 空印の案起こる。6-行中書省を廃止し、布政司をおく |
| 1380 | 洪武13 | 20歳 | 2-胡惟庸の獄が起こり、中書省・大都督府が廃止される |
| 1381 | 洪武14 | 21歳 | 4-燕王、北平就藩。5月までに御史台合が廃止される |
| 1382 | 洪武15 | 22歳 | 9-雲南遠征が始まる |
| 1387 | 洪武20 | 27歳 | 1-雲南の梁王政権が滅亡する |
| 1388 | 洪武21 | 28歳 | 7-北伐軍がナガチュを攻めくだす |
| 1389 | 洪武22 | 29歳 | 5-燕王、北元を大破する |
| 1390 | 洪武23 | 30歳 | 2-燕王、宗人府右宗人になる |
|  |  |  | 1-燕王、晋王とモンゴルに協同出兵し、燕王、上都に進出する |
| 1391 | 洪武24 | 31歳 | 皇太子標、陝西を視察して帰還する |
| 1392 | 洪武25 | 32歳 | 5-皇太子標没。9-允炆が皇太孫となる |
| 1393 | 洪武26 | 33歳 | 2-藍玉の獄起きる |
| 1398 | 洪武31 | 38歳 | 6-朱元璋没。皇太孫允炆即位（建文帝） |
| 1399 | 建文元 | 39歳 | 9-五王削藩が始まる |
|  |  |  | 8-燕王、北平に挙兵 |
| 1402 | 建文4 | 42歳 | 7-燕王、南京入城・即位。8-内閣の開始 |
| 1403 | 永楽元 | 43歳 | 1-北平を北京に改称。2-李芳遠を朝鮮国王に冊封する |
|  |  |  | 10-足利義満を日本国王に冊封する |
| 1405 | 永楽3 | 45歳 | 2-第1次北京巡幸。6-山陵（天寿山）の営建開始 |
|  |  |  | 9-丘福のモンゴル遠征軍壊滅 |
| 1406 | 永楽4 | 46歳 | 7-第1次モンゴル親征 |
| 1407 | 永楽5 | 47歳 | 赤夭哈を派遣し奴児干都司を設置 |
| 1409 | 永楽7 | 49歳 | 12-『永楽大典』成る |
| 1410 | 永楽8 | 50歳 | 2-長陵完成・徐皇后埋葬。4-第2次北京巡幸 |
| 1411 | 永楽9 | 51歳 | 2-第2次モンゴル親征 |
| 1413 | 永楽11 | 53歳 | 4-北京ではじめての科挙をおこなう（乙未科） |
| 1414 | 永楽12 | 54歳 | 9-西宮（視朝所）建設。12-朝議において北京営建を決定 |
| 1415 | 永楽13 | 55歳 | 4-第3次北京巡幸 |
| 1416 | 永楽14 | 56歳 | 4-戊戌科の科挙を実施 |
| 1417 | 永楽15 | 57歳 | 7-遼東・望海堝の戦で倭寇を破り、前期倭寇が終息する |
| 1418 | 永楽16 | 58歳 | 3-唐賽児の乱。12-翌年元旦、奉天殿で朝貢を受けることを |
| 1419 | 永楽17 | 59歳 | 内外に通告する |
| 1420 | 永楽18 | 60歳 | 1-北京行部など廃止。2-北京遷都 |
| 1421 | 永楽19 | 61歳 | 4-辛丑科の科挙を実施。5-紫禁城三殿火災 |
|  |  |  | 12-夏原吉・呉中・李時勉を下獄する。方賓自殺 |
| 1422 | 永楽20 | 62歳 | 4-第3次モンゴル親征 |
| 1423 | 永楽21 | 63歳 | 8-第4次モンゴル親征 |
| 1424 | 永楽22 | 64歳 | 5-第5次モンゴル親征。8-永楽帝、楡木川で没 |
|  |  |  | 9-洪熙帝即位 |

## 参考文献

新宮学『北京遷都の研究――近世中国の首都移転』汲古書院, 2004年
井上徹編『海域交流と政治権力の対応』汲古書院, 2011年
江嶋壽雄『明代清初の女直史研究』中国書店, 1999年
王崇武『明靖難史事考証稿』建文帝・永楽帝, 吉林文史出版, 1996年
奥山憲夫『明代軍政史研究』汲古書院, 2003年
川越泰博『明代建文朝史の研究』汲古書院, 1999年
川越泰博『明代異国情報の研究』汲古書院, 1999年
川越泰博『明代中国の軍制と政治』国書刊行会, 2001年
川越泰博『明代中国の疑獄事件――藍玉の獄と連座の人々』風響社, 2002年
川越泰博『明史』明徳出版社, 2004年
菊池俊彦・中村和之編『中世の北東アジアとアイヌ――奴児干永寧寺碑文とアイヌの北方世界』高志書院, 2008年
呉晗『朱元璋伝』上海三聯書店, 1949年
佐久間重男『日明関係史の研究』吉川弘文館, 1992年
佐藤文俊『明代王府の研究』研文出版, 1999年
朱鴻『明成祖与永楽政治』国立台湾師範大学歴史研究所専刊17, 1988年
商鴻逵『永楽皇帝』北京出版社, 1989年
末松保和『末松保和朝鮮史著作集5 高麗朝史と朝鮮朝史』吉川弘文館, 1996年
田中健夫『中世対外関係史』東京大学出版会, 1975年
田中健夫・森正夫編『中国民衆叛乱史2 末～明中期』平凡社, 1979年
檀上寛『明代海禁＝朝貢システムと華夷秩序』京都大学学術出版会, 2013年
谷口規矩雄『人物往来社5 朱元璋』人物往来社, 1966年
檀上寛『明の太祖 朱元璋』白帝社, 1994年
檀上寛『明朝専制支配の史的構造』汲古書院, 1995年
檀上寛『永楽帝――中華「世界システム」への夢』講談社, 1997年
張奕善『朱明王朝史論文輯』太宗篇, 国立編訳館主編, 1991年
陳垣編『洪武至帝大伝』河南人民出版社, 1993年
寺田隆信『永楽帝』人物往来社, 1966年
寺田隆信『中国の大航海者 鄭和』清水書院, 1984年
荷見守義『明代遼東と朝鮮』汲古書院, 2014年
毛佩琦・李焯然『明成祖史論』文津出版社, 1994年
毛佩琦『永楽皇帝大伝』遼寧教育出版社, 1994年
八尾隆生『黎初ヴェトナムの政治と社会』広島大学出版会, 2009年
桃木至朗『海域アジア史研究入門 ヴェトナムから見た歴史』名古屋大学出版会, 2006年
山本達郎『安南史研究I――元明両朝の安南征略』山川出版社, 1950年
山本達郎編『ベトナム中国関係史――曲氏の台頭から清仏戦争まで』山川出版社, 1975年
李焯然『明成祖史論』文津出版社, 1994年
林延清『嘉靖皇帝大伝』遼寧教育出版社, 1993年
和田清『明初の満洲経略』(蒙古編)『東亜史研究』東洋文庫, 1959年

**図版出典一覧**

東洋文庫提供　35, 69, 88, 89
シーピーシー・フォト提供　カバー表, 3
ユニフォトプレス提供　カバー裏
著者提供　扉

荷見守義(はすみもりよし)
1966年生まれ
中央大学大学院文学研究科博士課程単位取得退学、博士(史学)
専攻、中国明代史
現在、弘前大学人文社会科学部教授

**主要著書**
『明代遼東と朝鮮』(汲古書院 2014)
『档案の世界』(共著、中央大学出版部 2009)
『越境者の世界史——奴隷・移住者・混血者』(共著、春風社 2013)

世界史リブレット人㊼
永楽帝(えいらくてい)
明朝第三の創業者(みんちょうだいさんのそうぎょうしゃ)

2016年7月20日  1版1刷発行
2023年5月31日  1版2刷発行

著者  荷見守義(はすみもりよし)
発行者  野澤武史
装幀者  菊地信義

発行所  株式会社 山川出版社
〒101-0047 東京都千代田区内神田1-13-13
電話 03-3293-8131(営業) 8134(編集)
https://www.yamakawa.co.jp/
振替 00120-9-43993

印刷所  株式会社 プロスト
製本所  株式会社 プロケード

© Moriyoshi Hasumi 2016 Printed in Japan ISBN978-4-634-35038-0

造本には十分注意しておりますが、万一、
落丁本・乱丁本などがございましたら、小社営業部宛にお送りください。
送料小社負担にてお取り替えいたします。
定価はカバーに表示してあります。